झूठी है तेतरी दादी

झूठी है तेतरी दादी

संजीव

वाणी प्रकाशन

वाणी प्रकाशन

4695, 21-ए, दरियागंज, नयी दिल्ली 110 002

शाखा

अशोक राजपथ, पटना 800 004

फ़ोनः +91 11 23273167 फ़ैक्स: +91 11 23275710

www.vaniprakashan.in
vaniprakashan@gmail.com

JHOOTHI HAI TETRI DADI
by Sanjeev

ISBN : 978-93-5000-821-8
Collection of Short Stories

प्रथम संस्करण

मूल्य : ₹150

आर. टेक ऑफ़सेट, दिल्ली-110095 में मुद्रित

वाणी प्रकाशन का लोगो मक़बूल फ़िदा हुसेन की कूची से

समर्पण

नतिनी विपश्यना
को

अनुक्रम

मौसम

फसलों, फूलों, तितलियों और गुनगुनी धूप भरा दिन पुरसे भर चढ़ आया था। गड़ही उलीचने वाले लड़कों को अब काफी मछलियाँ दिखने लगी थीं। कुछ ने बाग के झरे पत्तों को सुलगाकर मछलियाँ भूनने की पक्की तैयारी भी कर ली थी तो कुछ ने आदतवश पुराना कोरस उठा लिया था,

मीर खाएन मीर आम
फत्ते खाएन तीन आम
हम चाटे कुसुलिया...!

दूसरे दल ने कहा, 'आम तो बाद में, पहले मागुर',

मीर खाएन मीर मागुर
फत्ते खाएन तीन मागुर
हम चाटे गड़हिया...!

भि भि भि भि! भि भि भि भि! भिलभिलाहट बढ़ती ही जा रही थी। आम के बाद मागुर। मागुर के बाद कुछ और, 'कुछ और' के बाद 'कुछ और!' कड़-कड़ी जुड़ती जा रही थी। इस आह्लाद में पेड़ों के किसलय तालियाँ बजा रहे थे। सरसों के दाने के बराबर टिकोरों की आँखों से आम ताकने लगे थे। महुए अपने कौंचों की बन्द आँखें खोलने को कसमसा रहे थे। कोयल कूक रही थी। 'कुहू! कुहू!' मटर की एक सूखी फली तड़क कर दाँत निकाले हँस रही थी।

बिजई ने कुछ देर तक खड़े-खड़े यह लीला देखी। उन्हें सब कुछ मनभावन लग रहा था, सब कुछ! उन्हें किसी की मौज में खलल डालना उचित नहीं लगा। अपने ही घर के अहाते के बाहर बाग में चुपचाप खड़े पिता की प्रतीक्षा करते रहे। दस मिनट बिलम गये और बाबूजी न निकले तो दुविधा में पड़ गये, पुकारें या न पुकारें? न, नहीं! सवेरे-सवेरे उन्हें देखकर बाबूजी की यात्रा भंग न हो जाये सो अकेले ही चल पड़े चौरस्ते की ओर।

उनके जाने के तकरीबन आधे घण्टे बाद फत्ते सिंह ने धड़कते दिल से अपने हाते के बाहर कदम रखा। गोरे झुर्रियाए मँझोले कद पर झब्बर-झब्बर पकी मूँछें, बाल और दाढ़ी, जैसे कोई बूढ़ा सिंह शिकार के लिए अपनी गुफा से दबे पंजे बाहर निकला हो।

चले तो उनके गिर्द कीड़ों और मक्खियों का एक छोटा-सा दल उनके आगमन की मुनादी करता हुआ उड़ चला। उनके सामने आते ही औरतों ने घूँघट खींच लिये और राह छोड़कर परे जा खड़ी हुईं, कोयल 'कू-कू' करती उड़ चली और कीचड़-कादो का चन्दन टीका लगाये लड़के कोरस बन्द कर भाग खड़े हुए।

फत्ते के पट्टीदार उदयभान सिंह का कहना है कि सिंह वास्तव में ऐसा ही होता है। उसकी नाक पर अकारण गुस्सा होता है। वह दूसरे जानवरों, यहाँ तक कि दूसरे सिंहों से भी अकारण रार मोल लेता है, उनके हरम पर कब्जा करता है, उनके बच्चों को मार डालता है और सिंहनियों से अपने बच्चे पैदा करता है।

फत्ते सिंह को कोयलों, औरतों और बच्चों का डरना अच्छा लगा। मूँछों ही मूँछों में मुस्कराए और मुस्कराहट दाढ़ी, बाल और आयाल में भिंदने लगी।

सहसा उनकी नजर महुए के पेड़ पर गयी। कोमल-कोमल लाल-लाल किसलय। किसलय देखकर उन्हें सूअर के सद्यःजात छौनों की याद आयी और मुस्कान भाप बनकर उड़ गयी, बुधइया को सरेआम दस जूते न लगाए तो अपने बाप के मूत से पैदा ही नहीं हुआ।

तीन वर्षों बाद किसी तरह पहली बार आज कुछ सामान्य हुए हैं, वरना जिस दिन सब पर टिपोरी (तंज) कसने वाले फत्ते सिंह पर गाँव के अदने नूरे ने टिपोरी कसी थी, फत्ते की बोलती ही बन्द हो गयी थी। टिपोरी, जिसे याद करना भी गलीज और भूल पाना भी मुश्किल।

उस दिन उन्हें लगा था, किसी ने उन्हें ऊँचे सिंहासन से उतारकर मैले के नरक कुण्ड में धकेल दिया हो और उजले-उजले कीड़े बिलबिलाते हुए उन पर चढ़े आ रहे हैं, बिजई जो न करावैं!

लाख मना किया, 'बच्चा, हाथी-घोड़ा पाल लो, गाय-भैंस पाल लो, भीख माँग लो चाहे चोर-डाकू बन जाओ, लेकिन ई धन्धा मत करो।' लेकिन बिजई ने एक न सुनी। घर से बेदखल कर दिया, उसके नाम पर बार-दाढ़ी बढ़ा ली लेकिन वह टस से मस न हुआ।

कई दिन से तिवारी उसे घेरते रहे, ऊँच-नीच, आग-पीछ, बहुत तरह से समझाया, तब जाकर कहीं उसे मना पाये कि वह गाँव में धन्धा नहीं करेगा। अब आगे उसे परिवार में शामिल करना कोई मुश्किल काम नहीं, बस धोपाप में नहाना,

अखण्ड रामायण और ब्रह्मभोज। उसके बाद रोजगार अपनी जगह, ठकुरई अपनी जगह। कौन देखने जाता है कि वीराने देश में तुम क्या करते हो! तिवारी बहुत तेज आदमी है। पवस्त भर में मानिन्द बाभन, ठाकुरों के घर-घर जाकर समझाया कि लड़का था, जाँघ पर हग दिया तो क्या बेटे को मार डारें कि जाँघ काट कर फेंक दें! अरे इसीलिए तो पराश्चित का विधान बनाया गया है शास्तरों में। एक बार बिजई जात-बिरादरी में शामिल हो जाये तो समझो, गंगा नहा लिये।

फत्ते सिंह ने सोंटी का बल लेकर सिर ऊँचा कर अकड़ने की कोशिश की लेकिन नीचे के वजन ने उन्हें अकड़ने न दिया। तब उन्हें लगा कि पोता वाकई बहुत बढ़ गया है, मानो कि देह में आधा वजन तो इसी ससुरे का है, बाकी आधे में समूची देह। खैर! पहली परीक्षा में पास हुए। अब चौरस्ते तक जाकर बाकी परीक्षा तो ले ही लेनी चाहिए कि इस ख़बर का पवस्त पर क्या असर पड़ा।

सीधे चलने पर इक्का-दुक्का आदमी ही मिलेंगे। फिर किधर से चलें? एक राह है अन्दर-अन्दर घूमते हुए। रास्ते में सामुझ और चनेशर का घर है। वही ठीक रहेगी। घर के आगे नहर, नहर पार करते ही चकरोड, चकरोड में आगे सरपताही से होती हुई पगडंडी बुधइया के बैठके से होती हुई आगे निकल गयी है चौरस्ते की। ताहिरा जोलहवा बकरे जैसी लम्बी दाढ़ी हिलाते चला गया, न दुआ, न सलाम! दुबई का पैसा है भैया! कोहरौंटी, लोहरौटी, कुर्मियाने के इक्के-दुक्के घर भी राह में पड़े, कोई न उठा। गड़ेरियों की भेड़-बकरियाँ सामने पड़ीं पर गड़ेरिए दूसरी ओर ताक रहे थे। कसमसा कर रह गये ठाकुर फत्ते सिंह।

कभी यह दिन भी देखना पड़ेगा, सोचा भी न था। ठाकुर-ठकार दुआर से गुज़रें और छोटी जात वाले पलंग पर ठसके से गोड़ झुलाते बैठे रह जायें! मन को कोसते हैं, उन्हें उधर से आना ही नहीं चाहिए था।

चलो, बैठे हो, कोई बात नहीं। अब इतना लिहाज तो जाते-जाते भी रह जाना चाहिए कि इधर देखो ही मत, माने कि ठाकुर साहब को जाते हुए हमने देखा ही नहीं। देखा होता तो मजाल था कि बैठे रह जाते। उठकर सलाम न करते! खड़े ही हो जाते नज़रें झुकाकर, मान-मरज़ाद तो बनी रहती। अब ये क्या कि...!

अभी ज्यादा दिन नहीं बीते, उनके बड़के घर का अपना एक मान था। हाथी नशीन थे बड़के आजा सिरी सिंह। खाँस भर देते कि जो जहाँ होता वहीं थम जाता, नज़रें झुक जातीं। मजाल था कि कोई आँख उठाकर बात कर ले। फत्ते सिंह तक आते-आते परिवार हाथी से उतरकर भैंस और अब बिजई के राज में भैंस से उतरकर...उफ़! बिजई जो न करावैं!

फत्ते सिंह असली नाम नहीं है, नाम तो बाप ने फतह बहादुर सिंह ही रखा

था लेकिन भाइयों की उपेक्षा ने वंश की सारी बहादुरी झाड़ कर 'फतह' को 'फत्ते' बनाकर लत्ते की तरह हाथ पर थमा दिया। तब आठ बैलों की खेती हुआ करती थी अब तो बँटते-बिकते, उनके हिस्से में पड़ी सिर्फ़ दो बीघे ज़मीन। बिटिया के बियाह में उसमें भी एक बीघे चली गयी रेहन में।

मन कचोटता है, भाइयों के लड़के पढ़-लिखकर कोई जज बना, कोई बैरिस्टर, कोई अफसर तो कोई नेता और एक हमारे बिजई हैं कि पढ़ने के नाम पर ससुर को मिरगी आती रही। मिरगी उतारने को पनही सुँघा-सुँघाकर हार गये तो पूछा, 'क्या करोगे ठाकुर?' बोला, 'डरेबरी'। हीनता तो व्यापी। ठाकुर का लड़का डरेबरी करेगा लेकिन जब पूछा, 'किसकी?' और जवाब मिला 'बदलापुर के महंथ मारकण्डे बाबा की' तो मलाल कुछ कम हुआ। बाभन, ऊ भी महंथ, चलो जाते-जाते भी ठकुरई की लाज इत्ती भर बची रह गयी। चार ही महीने बाद बिजई फिर सड़क पर आ गये तो चौरस्ते पर पूछ-पुछौवल होने लगी, 'क्या हुआ आपके डरेबर साहब का' तो फत्ते सिंह ने पूरी ठकुरई शान से जवाब दिया, 'अब महंथ ठहरे एक नम्बर के मक्खीचूस। लाखों लोगन को ठग-ठुगकर करोड़ों बनाये लेकिन डरेबर को देने में फटने लगती थी। सिर्फ़ एक हज़ार! ठाकुर का लड़का! कितनी तौहीन सहता! बोला ई रही तुमरी गाड़ी, ई रही उसकी चाबी। ऐसी-ऐसी नौकरी हमरे फलाने चीन्ह (शिश्न) पर।'

'फिर क्या करेंगे बिजई?'

'अपनी गाड़ी निकारेंगे।'

खैर, उधार पर सेकेण्ड हैण्ड जीप भी आ गयी। लेकिन यह शान ज़्यादा दिन न टिक पायी। एक दिन उन्होंने तिरलोकी महरा को हाते के बाहर रौबदार आवाज में पुकारते सुना, 'बिजई! ऐ बिजई!'

'ई कौन मादर...है जो बिजई सिंह भी नहीं सिर्फ़ बिजई कहकर पुकार रहा है?'

फत्ते सिंह ने बाहर आकर देखा तो सिगरेट के सुट्टे मारता तिरलोकी कहार था।

'का रे तिलोकिया...?' फत्ते सिंह ने उसके धुएँ पर सवार रौब को ज़मीन पर घसीटा।

'जै राम बाबू!' सिगरेट की राख की तरह तिरलोकी ने 'जैरमी' झाड़ी फिर बोला,

'गवने की साई लिये थे बिजई। तनी वही फरियाने आये थे। कल जाना है, गाड़ी-वाड़ी ठीक-ठाक है, तेल-तूल भरवाए हैं कि नहीं!'

'तुम्हारी साई?'

'हाँ चाचा, पतोह ले आना है पट्टी से।'

सनाका खा गये ठाकुर, 'रुको, रुको। का कहा, तनिक फिर से कहो तो!'

'कहा तो गवने की बिदाई की साई लिये थे।'

'माने बिजई जायेंगे तुम्हारी पतोह लाने?' उनकी आँखें सिकुड़ गयीं।

'हाँ!'

'मतलब ठाकुर जायेगा कहार की पतोह लाने।'

'हाँ माने कि...'

'सब माने बूझते हैं तिरलोकी!' फत्ते सिंह ने कहा फिर बेटे को पुकारा, 'बिजई ए बाबू बिजई सिंह!' वे ऐसे चीख रहे थे मानो कोई अनहोनी हो गयी हो। अण्डरवियर का नाड़ा झुलाते नंगे बदन एक हाथ दर्पनी दूसरे हाथ में सेफ्टी रेजर लिये बाहर निकले विजय परताप सिंह, माने कि नाऊ भी अब उनकी नहीं सुनता।

फत्ते सिंह बोले, 'तनिक इसका सुनो, महरा का कहि रहा है?'

'क्या?' ठकुरई का सारा बोझ बेटे पर लादकर सवारी गाँठना चाहता था बाप मगर बिजई में वह दम कहाँ था? दबते गये, पिचकते गये, आज भी फत्ते सिंह की दहाड़ के जवाब में बोले तो 'मिन्न'। फत्ते सिंह की शान में बिजई एक गुस्ताखी के सिवा थे ही क्या! सामान्य कद-काठी व्यक्तित्वहीन, बेचारा-सा चेहरा! फत्ते उन्हें देखते ही क्रुद्ध उठते, 'मेहरिबसा सार!'

'इधर की दुनिया उधर होइ गयी और अभी तुम पूछते हो कि क्या होइ गया! हम पूछते हैं कि ठाकुर बिजई सिंह की महतारी की डोली कौन ढोकर ले आया था?'

'हमें का मालूम।'

'जानना चाहिए न, हम बताते हैं, ई तिरलोकिया का बाप?'

'तो?'

'तो अब इतनी गिरवानगी आय गयी कि तुम ढोकर ले लाओगे इसके पतोह की डोली...? माने जिन कहारों की गांड़ कटि गयी...हमारी मेहरारून की डोली ढोते-ढोते, आज उनको हम ढोकर ले आयेंगे?'

'तुम तो बाबू खामखा तिल का ताड़ बना रहे हो। कहाँ ऊ डोली, कहाँ ई जीप, कहाँ ऊ जमाना, कहाँ ई जमाना! हमरे लिए तो जैसे महंथ वेसे कहार!' बिजई ने अपनी मिनमिनाती आवाज़ में शायद ऐसा ही कुछ कथा था, जिसे बाप की घुड़की ने बेअसर कर दिया।

उधर बाप मन को लाख तसल्ली देता रहा इस बात पर मगर सकून न मिला। कहीं कोई काँटा था जो अन्दर जाकर टूट गया था, निकाले नहीं निकल रहा था।

'हमें आने देना, तब जाना।' फत्ते सिंह ने तिरलोकी को सम्बोधित किया और हाते के बाहर निकल आये। ठाकुरों ने उस दिन भी दग़ा दिया, सिर्फ़ हज़ार माँगे थे, जो कहिए कि किसी की टेंट ढीली हुई हो। बनने को सब बनते हैं बाबू साहेब! हुंह!

उस दिन भी कौन काम आया तो यही बुधइया, कहा, 'हमरे रहते भला आपकीं तौहीन! अगर ठकुराइन हेलप न किये होतीं तो हमारा बड़का लड़का पढ़ न पाता। अरे राम कहो ठाकुर! लेइ जाओ हज़ार की कौन बात है, आज ही सूअर बेचे हैं।'

'सूअर...?' एक क्षण को फैले हाथ सिकुड़ गये फत्ते सिंह के। लेकिन गरज गदही होती है लाचारी में सिकुड़े हाथ फिर से फैल गये।

लौटकर तीन सौ तिरलोकी के सामने फेंका, 'अपनी पेशगी उठाओ महरा और रास्ता नापो। ठाकुर नहीं ढोएगा कहार की डोली।' सात सौ फेंका बिजई के आगे, 'इहाँ की डरेबरी इसी दम से बन्द। पैसा उठाओ और इसी दम बम्बई चाहे डिल्ली चले जाओ।'

बेटे ने मुम्बई, कलकत्ता, दिल्ली, पंजाब, हरियाणा, सब थहा डाला, किसिम-किसिम के धन्धे आजमाये, किसी में भी बरक्कत न हुई और इधर क्रम-क्रम से दोनों बेटियों का बियाह सिर पर!

आगे दायीं तरफ़ सरपताही है, बायीं ओर मोबाइल कम्पनी का टॉवर, नूरे के घर मुफ्त की बिजली! बिजली से करंट लगता है फत्ते को। तनिक ठमककर पहले बायें देखते हैं फिर दायें। एक बार सरपत की कटाई पर दावे को लेकर ठाकुरों की बाभनों से मार हुई और दूसरी बार गड़ही में मछली मारने को लेकर कुर्मियों से। दोनों ही बार धोती खुँटियाई पगड़ी बाँधी, लौर (लाठी) लेकर ठाकुरों के दल में शामिल हुए थे। फोते में तभी की लगी चोट ढो रहे हैं। लेकिन सब व्यर्थ गया। जो कहिए, कौनो सार ठाकुर पसीजा हो। उलटे उन्होंने खिल्लियाँ ही उड़ाईं और जहाँ भी रिश्ता जमता दिखा, चुगली करने से बाज न आये। और लड़के वाले...? न घर जैसा घर, न देह, न धजा, और बोली लाख टके की। कहाँ से लाते वे? यह तो कहिए दो गर्जमन्द संयोग से मिल गये। पैसों का सवाल फिर भी अपनी जगह! अपने हित-मीत के सामने उन्होंने गरज रखी, लेकिन सूद और खेत रेहन रखने पर भी कोई देने को तैयार न हुआ।

ठकुराइन और दोनों बेटियाँ जा चुकी थीं। अलाव बुझ चुका था। उस ठण्डे

अलाव को घेरकर बाप-बेटे पैसों की समस्या में ऊब-चूभ हो रहे थे। बिजई पहले ही सरण्डर कर चुके थे, 'हमारे पास तो फुटही कौड़ी भी नहीं है।'

फत्ते का बिलड प्रेशर हाई, 'इससे कम पर बियाह होना तो नामुमकिन है। अब पचास हज़ार भी न जुटा पाये तो धिरिग है हमरे-तुमरे होने का।'

गहरी निराशा में गोते ल़गा रहे थे कि बिजई ने सिर उठाया, 'बाबू एक बात कहें?'

'कहो।'

'बुधई से कहके देखा जाये।'

'बुधई माने सूअर...ना ना?' ठाकुर पीछा खींचने लगे। तभी निराशा की उस बाढ़ को हिलकोरते हुए एक आवाज़ आयी।

'ठाकुर साहब! ठाकुर साहब!'

'कौन?'

'हम बुधई।' मुड़ पर सरसौटा (पिटी सरसों की डंठलें) लिये अँधेरे में खड़ा था बुधई।

'आओ बुधई! इतनी रात को तुम?'

'फागुन में इतनी ठण्डी, कुछ बारने का नहीं है क्या?' जवाब में बाप-बेटे मौन, बुधई ने आकर सरसौंटा को फूँककर अलाव को धधका दिया। चेहरों पर लपलपाती लौ मचलने लगी।

'अभी हम ज़िन्दा हैं ठाकुर? बोलो, कै हज़ार चाहिए।'

'तुम कहाँ से दोगे उतने रुपये?'

'जिस बेटे को ठकुराइन ने हेलप किया था पढ़ाई में, ऊ अब कमाने लगा है और हमहूँ बंक में रखा है कुछ। आप बियाह की तैयारी करो, पैसे की फिकर हम पे छोड़ो।'

बीड़ी सुलगाकर चला गया बुधई। बीड़ी को ही नहीं ठाकुर को भी...!

'ठकुराइन को क्या पड़ी थी कि पैसा दे बैठी! वही पैसा रहता तो आज काम आता न! बड़ी सदाबरत बाँटने चली थी।' देर तक सुलगते रहे ठाकुर।

सीधे-सीधे पैसे लेने को बिजई राजी न हुए तो अमोलवा का एक बीघा खेत रेहन पर रखकर बुधई से पचास हजार रुपये लिये गये और बुधई की सलाह पर एक ही मण्डप में दोनों बेटियों का बियाह निकाल दिया। पवस्त भर में इस बियाह के मरजाद की धूम रही। चार किसिम का मीठा, नमकीन, शरबत, चाह, बीड़ी-सिगरेट, पान, तम्बाकू ऊपर से, दुई गोल नाच-नौटंकी, गवैया, और वीडीओ ऊपर से।

माना कि दामाद साले मन माफिक नहीं मिले, एक कानपुर में आटा-चक्की

पर रहता है, दूसरा ऑटो चलाता है ऐसी बात जो किसी को शान से न तो दिखाई जा सकती है, न बतायी। लेकिन जिन्होंने दस-दस लाख के दामाद खरीदे, वे उदय भान सिंह, तारकेशर सिंह, हरिहर शुकुल, वंशलोचन तिवारी और उजागिर यादव उनके दामाद ही कहाँ सही निकले! बेटियाँ बाप के नाम को रोती हैं, और बाप दामाद के नाम पर! उनसे तो मीर वे ही ठहरते हैं।

दो-दो बार फत्ते सिंह ने चौरस्ते पर बिजई के काम की बाबत अकड़कर जवाब देकर बड़े-बड़ों की बोलती बन्द कर दी थी लेकिन तीसरी बार...?

तीसरी बार का हाल-हवाल यूँ कि बिजई दुनिया थहाकर खाली हाथ फिर लौट आये थे गाँव। मेहरारू आ गयी थी। एक बेटी हो चुकी थी। मन बुझा-बुझा रहता। इस बार भी गुरु मिले कौन, तो वही बुद्धू परसाद! बोले, 'ठाकुर, इधर-उधर भटकने से अच्छा है किसी साले की गुलामी नहीं। कोई अपना धन्धा शुरू करो, अपना धन्धा!'

'कौन-सा अपना धन्धा?' मिन्न-से बोले बिजई।

'लोहा, लक्कड़, दुकान, सब जगह पैसे का सवाल है, और पैसा तुम्हारे पास न है, न मिलेगा। मन को मना सको तो एक धन्धा बतावैं।'

'बताओ।'

'पइसा अकाश से बरसेगा।'

'बोलोगे भी।'

'सूअर पालन!' हालाँकि बुधई ने कान में धीरे से कहा लेकिन बिजई को लगा कि किसी ने उनके कान में अंगार रख दिया हो।' छनककर भाग खड़े हुए।

'तनिक सुन लो ठाकुर, हम जबरन तुमरे गले नहीं बाँध रहे हैं।'

'बोलो।' बिजई हाथ भर की दूरी पर जाकर खड़े हुए जैसे छुआ न जायें।

'बंक का लोन कितना मिलता है, मालूम?'

'कितना?'

'एक से दुइ लाख!'

'अच्छा?'

'मान लो बीस सूअर मिलती हैं, एक सूअर एक बार में पाँच से पन्द्रह बच्चे देती है, हमारी भुअरकी सुअरिया की पेट में कितने छौने हैं?'

'कितने?'

'कम से कम दस!'

'फिर?'

'साल में दो-दो बार बच्चे होते हैं तो एक सूअर के औसतन कितने बच्चे हुए

बीस। साल में बीस सूअर के कितने बच्चे हुए?'

'चार सौ!'

'पहिली के तीन सूअर बेचकर ही आपके बाबूजी को हजार रुपये दिये थे। आज की घरी एक छौने का दाम उससे भी ज़्यादा है। दुइ महीना में पाँच-पाँच सौ। अब तनिक हिसाब लगाओ चार सौ छौनों का पाँच सौ के हिसाब से दाम।'

'दुइ लाख! नहीं रुको इतना ज़्यादा नहीं हो सकता।' बिजई का हिसाब गड़बड़ा गया।

'इतना ही है भैया। खर्चा-खुराकी रख-रखाव, बंक की किश्त निकाल दो तब भी साल में लाख कहीं जाने वाले नहीं।

आखिर पिघलने लगे बिजई।

बुधई ने अपनी बात का असर होते देखकर बात आगे बढ़ाई, 'तुम एक बार हाँ भर कर दो बच्चा, बाकी सब हम देख लेंगे। बंक से लोन हम दिलवा देंगे, सूअर का अहाता हम बनवा देंगे।'

'कहाँ?'

'तुम्हारे उसी अमोलवा में आधी ज़मीन पर। पाल भी हम देंगे, तुम्हें छूना तक नहीं पड़ेगा।'

'लेकिन तुम कब तक पालोगे चाचा?' बिजई के मुँह से पहली बार 'चाचा' निकला था।

'साल भर तक तो पता ही नहीं लगने देंगे फिर धीरे-धीरे तुमसे न बन पड़े तो आदमी रख लेना। हींग लगे न फिटकिरी और रंग चोखा।'

वाकई! न हींग लगी, न फिटकिरी और रंग चोखा हो गया। लेकिन गाँव की नाक बड़ी तेज थी। सूँघते-सूँघते सूँघ ही लिया और सरे चौरस्ते पहली बार ठाकुर फत्ते सिंह से पूछने लगे लोग 'आपके बिजई कौन-सा धन्धा करते हैं?'

'हमसे तो बोला कोई फारम खोला है।'

'कौन-सा फारम?'

'क्या पता, ठहरो पूछकर बताते हैं।'

'आप क्या बताएँगे, हम बताते हैं हमसे सुनो, सुअरी का फारम।'

तीसरी बार अकड़कर जवाब न दे सके फत्ते सिंह। हालाँकि वह बिजई के फारम की सुअरि नहीं कोई और ही सुअरि थी लेकिन किसी ने कह दिया, 'ठाकुर की सुअरिया? फिर तो गाँव भर में हहोर हो गया 'ठाकुर की सुअरिया!'

फत्ते ने डण्डा उठाया। लगे तड़ातड़ बरसाने बिजई पर। बड़े-बूढ़ों ने आकर रोक न लिया होता तो बिजई की हड्डी-पसली एक हो गयी होती उस दिन!

'ठाकुर की सुअरिया' के जवाब में चौराहों, बाजारों ही नहीं, गाहे-बगाहे घरों में भी। शास्तरारथ जम जाता। बिजई सिंह ने सूअर का मांस का चिखौना और 'मधुशाला' के पाउच के बल पर गाँव के लुहेड़ों-लबारों की एक छोटी-मोटी टोली खड़ी कर ली थी जो उनकी तरफ से बोलते।

'बिजई को भी एक-आध कोटा, परमिट पेटरौल पम्प दिलवा दो, वो भी मोंछ पर ताव देकर ठकुरई करें।'

कोई कहता, 'सन सत्तावन में गाय और सूअर की चरबी की सप्लाई कौन करता था, कोई बनर्जी, माने बाभन। किसी ने तो उस पर अँगुरी नहीं उठाई, धन्धा-पानी में कोई दोख नहीं है।'

कोई कहता, 'कितने ठाकुर सूअर खाते हैं। उन्हें तो किसी ने जात से बेजात नहीं किया। जब सूअर खाने में कोई दोख नहीं तो पालने में क्या दोख?'

बड़े-बूढ़ों का अपना ही तर्क था, 'माना कि नौकरी न मिली लेकिन, भोजन न मिला तो गू खा लेगा?'

बिजई के दल वाले जवाब देते, 'छप्पन भोग खाने वाले भूख की मजबूरी क्या जानें?'

'सूअर मैला खाती है कि नहीं?'

सच पूछिए तो बिजई की सूअरें मैले तक जा भी नहीं पातीं। लेकिन अगर सूअर मैला खाती है तो गाय भी मैला खाती है। चलो, कल ही दिखा दें लेकिन गाय पालने वाले अछूत नहीं हो जाते।'

कोई कहता, 'आजकल सभी जाति वालों का धन्धा सभी गैर जाति वाले करते हैं, जाकर देश-दुनिया देख लो। पैसे के लिए कौन-से कुकर्म हैं जो नहीं होते, बिजई ने चोरी की होती, गद्दारी की होती, घूस लिया होता, बहिन-बिटिया के साथ मूं काला किया होता तो कोई दोख न होता, उसने तो ईमानदारी का धन्धा किया, और सबकी आँख की किरकिरी हो गया!'

कोई कहता, 'पैसे को देखकर बता सकते हो कि यह पैसा कहाँ का है, मारकण्डे बाबा का कि चाण्डाल का, हिन्दू का कि मुसलमान का, गन्दी से गन्दी नोट जेब में रख लोगे, पूछोगे नहीं कि वह कहाँ-कहाँ से आयी है। या उसमें क्या लगा है।'

पता नहीं, कौन बिजई के पक्ष में बोलता, कौन मजे लेता। बिजई इस झंझट में नहीं पड़ते। मूड़ी गाड़कर अपना काम करते रहते। उन्हीं दिनों उनके पट्टीदार उदयभान सिंह ने वर्षों पुराने गड़ी कविताई 'मीर पोसेन मीर हाथी, फत्ते पोसेन तीन हाथी, हम पोसे सुअरिया!' को खोदकर बाहर निकाला और देखते-देखते इसके

कितने रूप गाँव में उड़ने लगे। जहाँ लगा दो, वहीं फिट बैठ जाये।

फत्ते सिंह की जान साँसत में। जो बात पूरे गाँव भर में गन्धा गयी, वह उन्हें ही सबसे बाद में पता चली! ठकुराइन अलग तनाव में मुँह फुलाए रहतीं, ठाकुर अलग। किस-किसका मुँह पकड़ते फत्ते सिंह! राणा परताप की तरह आख़िर सरेआम उन्होंने प्रतिज्ञा कर डाली, 'आज से न हम बिजई के बाप, न बिजई हमारा बेटा। आज की तारीख से सारे पुश्तैनी अधिकारों से हमने उसे बेदखल किया और उसके नाम पर दाढ़ी-बार बढ़ा रहा हूँ। या तो ऊ गाँव छोड़ दे, नहीं तो हम गाँव छोड़ देंगे।'

दिनोदिन अकेले पड़ते जा रहे थे ठाकुर। बस वे थे और थी उनकी कराहती ठकुराइन। बिजई ने दूसरे दिन ही घर छोड़ दिया बाल-बच्चों के साथ। चौरस्ते पर ही उसने एक कुआटर ले लिया। पोते-पोतियों का मुँह देखने को तरसने लगे। ठकुराइन ने कहा, 'कुछ दिन के लिए बेटियों को ही बुला लीजिए, मनसायन रहेगा।'

फत्ते सिंह ने कहा, 'तुम क्या समझती हो, मैंने कोशिश नहीं की?'

'फिर क्या हुआ?'

'दोनों ने कहला दिया कि हमको जात से कुजात नहीं होना है।'

'माने कि जाति खून के रिश्ते से भी बड़ी होइ गयी!'

ठाकुर ने मौन साध लिया।

शाम हुई नहीं कि मन अकेलेपन से घबराकर निकल भागना चाहता चौराहे की ओर। कहीं कुछ उनका हेरा गया हो जैसे...क्या अमोलवा? नहीं मान-मरजाद! वहाँ भी डरते रहते हैं कि कहीं कोई विषैली बोली न बोल दे। डरने और भगवान-भगौती को मनाते रहने के बावजूद ऐसा कोई न कोई प्रसंग आ ही जाता।

अन्त तक चौराहा जाना छोड़ ही दिया। दुनिया और अपने गाँव में बहुत कुछ हो रहा था लेकिन फत्ते सिंह को बिलबिलाते सूअरों के सिवा कुछ न सूझता। हालत यहाँ तक आ गयी कि सूअर बढ़ते-बढ़ते सपनों में भी धावा बोलने लगे। तिवारी महाराज ने जप-यज्ञ, टोना-टोटका कितने अनुष्ठान करा डाले। जब सूअर से किसी भी तरह निजात न मिली तो घर में ताला बन्द किया, खेती-बारी और इकलौती गाय तिवारी को सौंपी और आप ठकुराइन को लेकर चले गये मारकण्डे बाबा के आश्रम।

मारकण्डे बाबा के आश्रम में रामायण बाँचते-बाँचते चौदह महीने चौदह युग-से बीत गये। गाँव-घर की याद आती, बाग, गड़ही, सरपताही, नहर, चौरस्ता सब कुछ याद आता लेकिन सहसा ही कहीं से सूअर प्रकट होते या सूअर चराते

बिजई, और मन बिदक जाता। उन्होंने मान लिया था कि अब इस देह धरे गाँव लौटना नसीब न हो पायेगा। वह तो भला हो तिवारी महाराज का कि हनुमानजी की तरह प्रगट हो गये—आइ गये हनुमान, जिमि करुणा यह वीर रस! बोले, 'चलो ठाकुर घर चलो। तुम्हारा कल्पवास, बनवास और अज्ञातवास पूरा हुआ, चौदह बरस नहीं लगे, सिरिफ चौदह महीने में।'

'कैसे चलें?'

'कैसे माने? धोपाप में नहान, अखण्ड रामायण के साथ बरह्मभोज बस! बिजई मान गये, पवस्त मान गया और अब बचा क्या?'

'इतना कर सकेंगे? पैसा कहाँ है?'

'सुअरी के पैसा से सुअरी का उद्धार?' वे भिलभिलाकर हँसे तो ठाकुर को उनकी हँसी नहीं सुहाई।

'हमें विश्वास नहीं होता।'

'चलकर अपनी आँखों से देख लो।'

और वही आखिन देखने को ही तो निकले हैं आज।

ई क्या? जिस गड़ही और सरपताही के चलते साल-दर-साल मार होती रही, ऊ गड़ही इतनी जल्दी सूखने लगी और सरपताही किसी ने फूँक दी?

उन्हें लगा जैसे उनकी कोई प्रिय वस्तु किसी ने छीन ली। इसी गड़ही और सरपताही में तो कुछ ठकुरई दिखाने को मिलती थी, वह भी गयी! पहले लौर लेकर खुद ललकारते हुए आते, बाद के दिन में लौर तो नहीं रही पर ललकार अब भी कायम रहती। उनके शब्दों में जो सरपताही, और गड़ही की मछरी के लिए न लड़े, ऊ मउग! सो बिजई भी मउग हुए। जब तक वे थे किसी की हिम्मत न पड़ी कि सरपताही पर हाथ लगाए। अपनी अनिवार्यता पर उन्हें गर्व था।

कल ही लौटे हैं। सँझलौके में ही बिजई आये थे। अनुमान से समझ तो गये हीं कि बिजई हैं लेकिन आँख उठाकर देख न पाये। डर लगता था। वह 'मिन्न-मिन्न' की मिनमिनाती आवाज़ भी भूलकर कहीं सूअर की बोली न बोलने लग गया हो वह 'हुंफ-हुंफ! घुर्र-घुर्र!'

बिजई ने पहला शब्द उच्चारा, 'बाबू!'

चिहुँक पड़े फत्ते सिंह, 'न मिन्न, न हुफ, न घुर्र, यह कैसी आवाज है!'

'कहीं छुवा न जाओ, सो यहीं से गोड़ धर रहा हूँ।' बेटे ने बाप से कहा।

नज़र नीचे से ऊपर गयी, बूट, पतलून जैकेट, यह तो कोई बड़का हकिम है!

'जाओ बाबू, खेत छुड़ा लो, तीरथ-बरत करि आओ।' कहते हुए बिजई ने पचास हज़ार की गड्डी मचिया पर रख दी।

'हमारा तीरथ-बरत तो तुम्हारी 'शुद्धी' है बिजई।'

बिजई हँसे, 'हम तो शुद्ध हई हैं बाबू, पर आपके मन का भरम मिटाने को आपकी 'शुद्धि' भी कर लेंगे।'

बेटे की आवाज का मेहरबसापना, माने मिनमिनाहट सूखकर कड़क हो उठी है। लेकिन उन्हें जाने क्यों लगा कि मचिया पर गड्डी नहीं बल्कि सूअर का छौना बैठा है।

बिजई चले गये। फत्ते सिंह ने आगे-पीछे सोचकर ठकुराइन से तिवारी बाबा को बुलवाया। तिवारी शीशी में गंगाजल ले आये। कुश, गोबर, गोमूत्र, तुलसी, गंगाजल और मन्त्र से गड्डी शुद्ध हुई और ठाकुर की थैली में आ बिराजी। ठाकुर ने पूछा, 'सूअरों का करते क्या हैं?'

'मार डालते हैं।'

'अच्छा धोपाप में नहाने से पाप धो उठेगा?'

'भगवान राम का पाप धो उठा था जिन्होंने बाभन मारे थे, आपके बिजई ने तो सिर्फ़ सूअर...!'

उधर बाहर घों-घों करती सूअर। टॉर्च जलाई लम्बा थूथन मुँह पर गोल चकती, घबराई आँखें, भालू जैसे बाल। फत्ते ने सूअर को देखा, सूअर ने फत्ते को। फिर वो अपनी राह, ये अपनी राह!

ठाकुर ने तिवारी से पूछा, 'महाराज, भगवान को भी कभी सूअर बनना पड़ा था न?'

'अरे राम कहो।' तिवारी ने कहा, 'बनना तो पड़ा ही था, बराहावतार! अरे अब तो उदयभान सिंह भी कहते हैं कि बिजई ने एक नया प्रतिमान रचा है।'

'ई परतीमान क्या होता है?'

'परतीमान माने परती और मान ...माने कि...'

ठाकुर और तिवारी दो गुबड़ैले की तरह 'परतीमान' के गोले को कभी इधर ठेलते कभी उधर। आख़िर थककर छोड़ दिया उन्होंने।

'हुँह परतीमान!' ठाकुर ने कहा, 'और नहीं तो! तब तो लूकी लगाकर गाँव भर हहोर किया, अब परतीमान...!'

पहली बार सूअरी उतनी बुरी नहीं लगी ठाकुर को। बल्कि उन्हें तो उसे देखकर चिन्ता ही हुई कि बिजई से कहें इसे छोड़ दें। जैसे कि वह बिजई की ही सूअरी हो और गाय-भैंस की तरह ही उसे पोसा जाता हो।

फत्ते सिंह बुधई के बैठके तक आ जाते हैं।

और कोई उनसे बोले न बोले, बुधई के घर वाले तो बोलेंगे ही। मगर यहाँ पर किसी का ध्यान उन पर नहीं जाता। खाँस-खँखार कर उनका ध्यान अपनी ओर खींचना चाहते हैं लेकिन फिर भी कोई असर नहीं होता तो खुद ही पहल करते हैं 'इस साल ई मिठउववा (आम) नहीं फरा न? खंखड़ हो गया है हमारी तरह, हमारी, इसकी और बुद्धू (बुधइया कहने से खुद को रोक लेते हैं।) के बाप की उमिर एक ही है।'

कोई जवाब नहीं, कोई सुगबुगाहट नहीं, दाँव खाली गया। बुधइया सार भी नहीं दिख रहा। कम से कम उसकी आँख में अभी थोड़ा पानी तो बचा रह गया है। वैसे बुधुवा की लिबिर-लिबिर करती बातें उन्हें ज़रा भी नहीं सुहातीं। सलाम करो और हट जाओ सो नहीं, लद जायेगा। साल भर पहिले कंठी ली है, का तो हाँ, कबीरदास, जिस-तिस को मन्तर देने लगता है, एक बून ते सारा जग सिरजा, के बाभन के सूद? माने फत्ते और बुधई और तिरलोकी एक! माने बभनौटी से लेकर चमरौटी तक एक! हुँह!'

सहसा उन्हें खयाल आया कि अरे आज तो उनसे किसी ने बात भी नहीं की तो अपमान से मन बिंधने लगा। कम से कम एक भी बोल देता। बुधइया ही सही पर कोई तो होता। आख़िर वह उनका अधिया पर खेत जोतता है, मनई-मजूर है। यही साले लोग बिजई को फोड़-फाँसकर नरक में ले गये! लेकिन अभी सब साले गुम्मी मारे बैठे हैं जैसे उनका कोई वजूद ही नहीं, जैसे वे हैं ही नहीं।

ध्यान खींचने की और कोई सूरत नज़र न आयी तो गुस्से में जिद वश बुधई के द्वार सटे अमोलवा में पेशाब करने की ठान ली। कान पर जनेऊ चढ़ाया सोंटे का सहारा लेकर शरीर को सन्तुलित किया...

पेशाब भी ससुरी ठीक से नहीं उतरती अब। लगता है, टराफिक जाम है। बीस-तीस हज़ार बभन भोज में नाहक स्वाहा हो जायेंगे। लोग खायेंगे और हग-मूत कर बिसर जायेंगे। मीर खाएन मीर पूड़ी। फत्ते खाएनि तीन पूड़ी! हम चाटै पतरिया...धत्त! उन सारों की बोली कैसे आ बैठी जबान पर! उतने पैसों में तो फोते का इलाज ही हो जाता। इतना बढ़ गया है कि बैठने पर ज़मीन पर आ लगता है। सो जानवरों की तरह खड़े-खड़े पेशाब करना मजबूरी है। टाँगें फैलाकर मन को अभी साध भी नहीं पाये हैं कि लो, पीठ पर 'जै राम बाबू' का सलाम साट दिया किसी ने। हमेशा मुझे अटपटे में डालकर मेरी लाचारी का मजा लेना उसके सिवा और किसी का काम नहीं हो सकता। गरदन मोड़कर देखा, हाँ वही है, एक बार शुरू हो गया तो रुकने का नाम नहीं लेगा ससुर...बिजई को इसी सार ने

बहकाकर नरक में धकेला। इसी चौराहे पर सबके सामने तुम्हें दस जूता न मारा तो बाप की पेशाब से पैदा ही न हुआ!'

'गये रहे मनई-मजूर हेरै।' लीजिए शुरू हो गया न। वही अघाई बोली ससुरा ऐसे बोलता है जैसे खुद ठाकुर हो, 'जो कहो, कोई खाली मिलै। वै कहिन, हम तो अलाने सिंह, हम तो फलाने तेवारी, को...बागदत्त हैं, तुमरे हियां कइसे आइ सकत हैं!' हम कहा, हम से ड्यौढ़ी मजूरी लेइ लो, दुगुनी लेइ लो।' वे बोलिन, "कहि के गये हैं ठाकुर, 'मोरि काकी, मोर मौसी, कहूँ जिनि जाओ।' देखि रहे हैं न ठाकुर, वे सब गाँव के ठाकुरन के अबहीं चीन्हीन नांय। काम पड़ा तो मौसी, नाहीं तो मुँहझौंसी! अरे जो ठाकुर बाबू फत्ते सिंह के न हुए जो उनके जात, भाई, पट्टीदार थे, वे तुम्हारे होंगे?'

बुधइया की बात पर पेशाब सटक गयी। यह सब क्यों सुना रहा है बुधइया, ऊ भी ऐसी अटपटी हालत में। अपनी बड़वानगी पोंक रहा है, ठाकुरों की तौहीनी या उन पर दया...?'

पर अभी यह सब सोचने-विचारने का टैम नहीं, अभी सवाल पेशाब के उतरने का है। जाने कहाँ अटकी पड़ी है ससुरी? अब टपके शायद, शायद, अब...या अब?

अभी वे ध्यान एकाग्र कर ही रहे थे कि उनकी चौड़ी टाँगों के बीच से कोई सूअर बिलबिलाता हुआ भाग निकला। फत्ते सिंह अनचाहे ही लद गये उस पर और चन्द कदम आगे जाते ही पीठ के बल गिर पड़े-धपास!

उनका गिरना था कि सारे अवरुद्ध कण्ठ खुल गये।

'ठाकुर की सुअरिया! ठाकुर की सुअरयिा!'

मीर पोसेन मीर हाथी,
फत्ते पोसेन तीन हाथी,
हम पोसे सुअरिया...!

जैसे एक साथ सारे सियार हूकने लगे हों 'हुआँऽऽऽ 'हुआँऽऽऽ, 'हुआँऽऽऽ!'

'मारेंगे कि पोंक दोगे छिनरौ के पूत! लड़कों को खदेड़कर भगाता है बुधई। फिर सूअरों को गलियाता है, 'हिंया कहाँ चकरोड खुली है हमरे सारे...?'

दौड़कर उठाता है ठाकुर को,

'कहीं चोट तो नहीं लगी ठाकुर!'

बौछार पर बौछार!

यह निहायत ही बेहूदी स्थिति है जैसे हिरण के शिकार को निकला कोई बूढ़ा सिंह

बरखा-बूँदी में भींगकर बेहाल हो गया हो और उसकी इस करुण स्थिति पर ममतालु होकर वह हिरण उसका गाल चाट-चाट कर सुखवा रहा हो—'च्च! च्च! हाय-हाय देखो तो सही; कैसा भीज गया बेचारा। कहीं इसे सर्दी-जुकाम न हो जाये, कैसा वाहियात मौसम है!'

मौसम बदल रहा था। गड़ही में मछलियाँ अभी भी टक-बक करती हुई उछल-कूद कर रही थीं। आम और महुए अभी भी आँखें खोल रहे थे। मटर की चटखी फली अभी भी दाँत निकाले हँस रही थी। किसलय अभी भी तालियाँ बजा रहे थे...?"

2008

लाज-लिहाज

नहीं साहब, इसमें मेरे बड़े भाई कुलवंत का कोई कसूर नहीं। वो तो भौत-ई समझदार है। पूरी बिरादरी में उसको यूँ ही ऊँचा आसण नहीं देते। कसूर छोटे भाई का है, नाम तो सतनाम है छोटे का, सत्ती कह के बुलाते हैं।

छोटे का क्या बतायें साहब। वो ठीक उल्टा हैं बड़े का। कुच्छ नहीं समझे वो भैण चो...कुच्छ नहीं।

बड़ा...न होता तो कब की णाक (नाक) कट चुकी होती म्हारी। बैण...? ओह उसी का तो रोना है। तीन भाइयों में एक-ई तो बैण थी वैसे तो अपणी बिरादरी में लड़की पैदा होते ही नूण चटा देत्ते और इब तो डाग्दरों ने और भी सुविधा कर रखी है। पहले से ई पता कर लेते हैं, छोरा है कि छोरी। गर छोरी हुई तो गरभ में ही काम तमाम कर डालते हैं, पैदा होणे ही नहीं देत्ते। वो सब हो गया होता तो बला सिर पे क्यों चढ़ती? माँ भी इसके पैले दो बेटियाँ जनमते ही मार डाली थीं, लेकिन उस बार माँ ने बाबू जी से कहा, "इब आ गयी करमजली तो आ जाणे दो। दो रोटी खायेगी कोणे में पड़ी रहेगी। बड़ी हुई तो रोटी-पाणी ही देवेगी। मेरा कोई ठिकाणा नहीं। यह निगोड़ा दमा मेरे पिच्छे पड़ा है, क्या जाने कब भगवाण ऊपर बुला ले।"

नाम? वैसे तो न उसे बैण कहने का जी करता, न उसका नाम लेने का लेकिन जब पूछ-ई रए हो तो बता देते हैं। उसका नाम था तारा। जी मेरा नाम बलवंत! जी बाप पैले-ई गुजर गया।

तीन भाइयों में एक बैण! कितना हौसला था हमारा। बड़ा कैता, ऐसी शाण से ब्याहेंगे, ऐसी कि बिरादरी और गाँव के लोग देखते रह जायेंगे। लेकिन उसने तो जवाण होते ही गू खा लिया, मूत पी लिया। सरेआम णाक कटा गयी साली!

अरे वो जग्गा है न, हाँ हाँ वही चूहड़ा, उसी के साथ भाग गयी एक रात।

वो तो कहिए म्हारा बड़ा भाई लाखों में एक है। नहर पार नहीं कर पाये कि जा के दबोच लिया। जुर्म संगीन था। उधर वो, जो बरगद है, उसी के नीचे

पंचायत जुटी बिरादरी की, इसी से बाँधा गया था जग्गा को।

इब बैण का तिरिया चरित्तर देखो साब, इत्ती मार खायी, पर मार पर ना रोयी लेकिन जग्गा को देख कर रोये जावे, रोये जावे! बोली! उसके बगैर ना रहणा। हम तुम्हारा कुछ भी ले के ना जावेंगे; बस हम दोणों को चले जाणे दो।

इब आप समझो, अपणे खानदाण की एक मरजादा होवे थी। घर में लुगाइयाँ चूँ भी करें, ऐसी हिम्मत कहाँ! बड़े और मेरे जणम तक म्हारे बाप ने म्हारी माँ का मूँ भी ना देखा था। मजाल था जो घूँघट एक पल को भी मूँ से हट जावे। आप ई बोलो--जात से बड़ी कोई चीज होवे है और धरम से बड़ा कोई इनसाण! भगवान भी नहीं।...इसलिए कि भगवान बैणचो की भी जात है। हँसों मत, यकीन ना हो तो पूछ लो किसी भँड़वे पंडत से? देखो साहब झूठ बोलूँ तो मेरे नाम पे कुत्ता पोस लेना... मैं लाकर दूँगा, मैं। पंचायत ने बैण को लाख समझाया, 'अरे तुझे परेम-वरेम ई करणा था तो किसी जात-बिरादरी के लड़के से करती!

बैण चुप्प!

'बोलती क्यों नहीं, मूं में जबाण नहीं है क्या?' एक पंच ने बीड़ी का पूरा धुआँ मूँ पे डाल दिया।

बैण बोली, 'उसमें क्या गलत है?'

'गलत है ना'

'क्या वो आदमी नहीं?'

'आदमी होवे से क्या होता है, आपणी जात का तो नहीं है।'

'मैं ना जानूँ, क्या होवे है जात!'

'ना जाने है?'

तमतमा गये पंच, 'बड़ा फटर-फटर किये जा रई है। बड़ी मस्ती चढ़ी है तेरे पे जवाणी की?'

साब, आप हमारी बिरादरी की पंचायत को नहीं जाणते। अजी कौन सा हाई और कौन सा सुपरीम कोरट! सबका बाप! तीण साल पैले ऐसाई वाकया हुआ था। लोग समझा-सुमझा के हार गये। लड़की ना मानी तो ना ही मानी। तब पंचों ने ऐसेई ठण्डेपन से पूछा था, 'बड़ी मस्ती चढ़ी है तेरे पे ज्वाणी की?'

उस मस्ती को तोड़ने के लिए पाँचों पंच चढ़ गये उस पे बारी-बारी 'पाले-पोसे हम, भोग लगाए दूसरा...? फिर दूसरा हो तो हम क्यों नहीं?'

सो जैसे ही पंचों के मूँ से हमने सुणा, 'बड़ी मस्ती चढ़ी है तरे पे जवाणी की?' हम काँप गये, 'क्या म्हारी बैण के साथ भी वो-ई सलूक होणा है?'

सत्ती भागा घर की ओर। जाणे कहां से उसने जंग खाई तलवार निकाल ली।

बड़े के इशारे पर पीछे-पीछे मैं भी घर भागा। ये तो अच्छा हुआ कि मैं बखत पर पहुँच गया और कुठरिया के बाहर साँकल लगा दी, वरणा सत्ती की जंग खाई तलवार कितने पंचों के खून से तर हो गयी होती।

मैंने कहा न मेरा बड़ा भाई हीरा है हीरा, उसने चट अपणी पगड़ी खोली और पंच के कदमों पर रख दी। यह उसी का असर था कि पंचों ने अपना फैसला बदल दिया बोले, 'कोई अपणी बिरादरी का इसे ले जाणा चाहे तो ले जावे। हमें कोई उज्र नहीं।'

पाँच-एक जवान उठे लेकिन पंचों ने मणिराम को ही चुना। दबा हुआ रंग, कलफ लगी मूँछें, सोणे का तावीज, बाल बीच के उड़े हुए, उमर साठ के आस-पास।

'कब?' मणिराम ने पूछा?

'आज और अभी ले जाओ। घर ले जाकर फेरे-वेरे करवा लेणा लेकिन लौट के गाँव आयी तो खैर नहीं।' पंचों का फैसला! कोई क्या कहता! बैण के दोणों हाथ सामणे की ओर बाँध दिये गये थे और वो उसका नया मरद उसके पीछे-पीछे लगा था जैसे हाँकते हुए जा रहा हो। बाकी लोग उसके पीछे-पीछे। भौत रोई थी बैण उस दिन, भौत!

बिरादरी के लोग हम दोनों भाइयों को समझाते हुए चल रहे थे, थोड़ी उमर ज्यादा है तो इसकी फिकर जरा भी ना करणा आखिर मणिराम है तो अपणी बिरादरी का ई...। ई...।

ये तो कहो, धरम बच गया, लोक-लाज बच गया, नाक कटने से बच गयी और हमें चाहिए क्या।'

नहीं साहब, कोई बखेड़ा नहीं हुआ। बखेड़ा करता कौण? छोटे को तो हमने पैले-ई घर में बन्द कर रखा था।

माँ महीणों उसी दिशा में बैठकर ताका करती, जिधर से तारा गयी थी, रोटी बणा के रख देती, बोलती एक भी सबद ना। लोग कैते, 'इब क्या बोलेगी! सोग समा गया है जी इसके कलेजे में। लेकिण नहीं, माँ बोली, आठवें महीने बोली। बोली कि अच्छा हुआ तुम्हारा बाप ये सब देखणे के पैले-ई चला गया। मेरे भी दिण गिणे हैं।'

हम तीणों भाई बहोत ख़ुश थे उस दिण। मैंने कहा, 'तू जो चाहती है माँ, वही होगा, सिरिफ बता दे हमें क्या करणा है?'

माँ ने कहा, 'मेरे कोई अरमाण नहीं सिवा इसके कि तुम तीणों कोई कायदे का काम-धन्धा पकड़ लेते, तुम्हारी शादी हो जाती, उस शादी में तारा आकर अपणे हाथ से अपणी भाबियों को घर के अन्दर ले जात्ती।'

हम तीणों ने कई धन्धे शुरू किये, रस्सी बटने से लेकर, पटरी पर रेहड़ी लगाने, इक्का और ऑटोरिक्शा से घोड़े पालणे तक का। इब नसीब-ई खराब हो तो कोई क्या करे। कामयाब तो एक ना हुए, उलटे दारू पीने की लत लगी सो लग-ई गयी। माँ कैती तारा का सराप जगा है। ये सराप तभी कटेगा, जब उसे ढूँढ कर ले आवोगे और माफी माँगोगे मेरे सामणे।'

हम हैराण थे, माँ इधर भौत खुश रहणे लगी थी। वजह? वो साब कोई आसमाणी चीज थी। क्या तो नाम था उस लड़की का, किसी क्रिश्चन से शादी की थी। हम उसके नाम को थूकते लेकिण माँ को जाणे कैसे यकीण आ गया था कि जिस दिण वो लड़की सकुशल धरती पर लौट आवेगी, तारा भी सही-सलामत घर लौट आवेगी।'

हाँ, कल्पणा चावला! माँ का सारा विश्वास उसी से बँधा था। अब संयोग देखो कि दारू की लत में जिस दिन पहली बार म्हारी जमीण का टुकड़ा बिका, माँ ने जी भर कर कोसा हमें, 'एक वो है, एक तुम। कोई नहीं पूछता कि किस से ब्याह किया, एक तुम, तुम्हारी हवा से-ई नाक कटी जाये है। एक वो है, आसमान में डुबकी लगा के आ रई है, हाथ में चाँद-तारे पकड़ के ला रई है, एक तुम हो धरती में समाये जा रहे हो? वो औरत हुई, तुम मरद!'

खुशी या दुख के मारे अपणे मन की बात को रोक न पायी, 'देख लेणा, आज मेरी कल्पणा भी धरती पर लौट आवेगी... ।'

'कल्पना भी आसमानों में उड़ रही थी, तारा भी। ये कलमुँहिया इब क्या लौटेंगी धरती पर!'

कुलवंत और मैं माँ को चिढ़ाये जा रहे थे, माँ चिढ़णे वाली थी नहीं, तभी उसकी नजर छोटे पर पड़ी।

थोड़ी देर पहले वो परधाण के यहाँ टी. वी. देखकर आया था फिर हमेशा की तरह बुत बना बैठा था। जिस दिण से तारा गयी थी, छोटे ने एक सबद ना बोला था, एक सबद ना। जैसे-ई माँ की नजर उस पर पड़ी, माँ धीरे-धीरे जा के लगी पुचकारणे, 'तू कुछ बोलता क्यों नहीं पुत्तर? कौण सा दुख तरे अन्दर समा गया है उस दिण से? घबरा मत, आज मेरा मन कह रहा है तारा जरूर आयेगी आज, इधर कल्पणा धरती पर लौटेगी, उधर तारा घर में।'

मगर छोटा कुच्छ ना बोला जी, कुच्छ भी नहीं।

आप तो जाणते-ई हो, उस आसमानी लड़की का जहाज आसमान में ई बिगड़ गया और तारा को भी नहीं लौटणा था, नहीं लौटी। तारा को ढूँढ कर ले आणे के लिए भेजे गये उसके आदमी लौट आये थे खाली हाथ। न मणीराम का कहीं

अता-पता चला न तारा का, न जग्गा का।

माँ का सपणा चूर-चूर हो गया। फूट-फूट कर रोई वो, उसी महीने माँ मर गयी। मरते-मरते कै गयी, कै क्या गयी, सराप दे गयी, 'देख लेणा तुम दोणों, अभी तो चुप है सत्ती, लेकिण जिस दिण ये बोलेगा, सारी आवाजें चुप हो जावेंगी।'

माँ मर गयी। घर में अँधेरा छा गया। इब सवाल था घर में रोटी कौण दे! भौत-ई खराब होता है जी घर में किसी औरत का ना होणा।

एक-आध हफ्ते तो पड़ोसियों ने किरपा करके रोटी खिला दी लेकिन ऐसा कब तक चलता! फिर देखा, छोटा लकड़ी और ऊपले बटोर रहा है। उस दिन पैली बार उसने रोटी बणाई। एक दिन वो बाजार से लौटा-ई नहीं। उसे दिन मैंने रोटी बणानी चाही, आटा गीला था, नहीं बणी, बड़े ने मुझे गाली देकर परे धकेला और खुद बनाने लगा, उसते भी नहीं बणी। छोटा आया तो जैसे-तैसे रोटी तभी मिली। तब से हम तीणों ही कोशिश करने लगे। कभी आटा गीला हो जाता, कभी ईंधण चुक जाता, कभी टिक्कड़ जल जाते, कभी कच्चे रै जाते। कभी प्याज से, कभी नमक से रोटी निगल ली जाती। नाश्ते को लेकर तीन-तीन टैम खाणा खाणे तीन बदले, अक्सर एक-ई टैम बणाते हम। लेकिन सिरफ खाणे तक होता तो एक बात होती, हाँ तो घर-द्वार, कपड़े-लत्ते की साफ-सफाई, पाणी लाणा, ईंधण का जुगाण करणा, चौबीसों घण्टे, बारहों महीणे घर की रखवाली करणा—कितने तरह से सँभालती है घर-परिवार को औरत। फिर घर तो ईंट-पत्थर, लकड़ी, माटी का होवे है जह, उसमें जाण कहाँ! जाण तो परिवार से आती है, बच्चों से आती है। औरत नहीं तो कहाँ से आये बच्चा, कहाँ से बणे परिवार!

बिरादरी के चौधरी आते, मिठाई-विठाई खाकर फिर न लौटते 'कल दरवाजे पे औरत न लाके उतार दी तो जो न कहो सो...।' कहकर कितने दलाल पैसे ठग-ठुग कर ले गये। खेत बिकते जा रहे थे, दारू का हिसाब बढ़ता जा रहा था, औरत की तलब बढ़ती जा रही थी। म्हारा हाल तो ये था साब कि कोई गयी-गुजरी औरत भी उधर से गुजरती तो चोरी-चोरी हम तीणों ही उसे ताकणे लगते। औरत हमारे लिए दुनिया की सबसे बड़ी नियामत थी। हम परेतों की तरह मारे-मारे फिरते। जिसके दर पे खड़े होते, लोग बेटे-बेटियों को घर से अन्दर करके दरवाजे बन्द कर लेते? गाँव की लड़कियों ने गैल बदल दी, ढोरा-डांगरों ने डगर, कुत्ते बिल्ली का भी उधर से गुजरना सलामत नहीं।

दिण यूँ ही बेकार-से बीतते जा रहे थे। हमारी समझ में न आता कि हम करें तो क्या करें।

वह एक मनहूस शाम थी। न पीने को दारू थी, न जेब में पैसे। इधर उतरते

दिसम्बर की ठण्ड बढ़ती जा रही थी। सारा दिन लकड़ी और पुआल जुटाने में लगा रहा और अब खाट पर मन मारे बैठा था। छोटा रोज की तरह खाणा बणा रिया था। सरसों के उबलते साग की खुशबू मेरी भूख को भड़का रही थी, तभी किन्हीं भारी कदमों की आहट हुई। देखा, बड़ा भाई था। आकर छोटे के पास खड़ा हो गया, 'दो रोटियाँ और बणा लेणा।'

मेरी और छोटे की नजर एकदम से उठ गयी, बड़े ने हँस कर बताया, 'भैंस लाया हूँ। बोलते समय उसके मूँ से भाप निकल रही थी।

'वो दो रोटियाँ भैंस के लिए?' मैंणे पूछा।

'नहीं, भैंस के साथ एक और चीज है, उसके लिए?'

मैं उठ कर खड़ा हो गया। देखा, तो बैलों के सूणे खूटे पर एक भैंस बँधी थी और उसके सामने बोरी में कोई चारा रख रही थी—भैंस की परछाईं-सी! बड़े की आवाज में शेखी थी, 'हमणे देखा कि खेती में कोई परोफिट नहीं रै गयी। सो कुछ खेत गिरवी रख कर भैंस ले ली। इब से हम दूध का धन्धा करेंगे। डेरी फारम! बहोत परोफिट है।'

'तुमने फिर खेत गिरवी रख दिये।' मैं ताब खाकर खड़ा हो गया जी!

'ठंड रख ठंड, चार ही महीने में इतना परोफिट होगा कि सारे खेत छुड़ा लेंगे।' फिर वह उस छाया की ओर मुखातिब हुआ, 'वो हरे चारे भी डाल दे जो खरीद कर ले आया हूँ।'

'कितने की पड़ी?' मैंने पूछा।

'पैले दूध पूछ, दूध-चार किलो सुबै, चार किलो शाम। बीस दिन पैले ब्याई है। खिलाया-पिलाया तो छै-सात किलो सुबै, छै-सात किलो शाम।'

'बच्चा?'

'इन्साणों में हम लड़कियों में मार डालते हैं, गाय-भैंस में बछड़ों, पाड़ों को...।' वह अपणे ही मजाक पर ही-ही कर के हँस पड़ा।

'इब तो बता-ई दो कित्ते की पड़ी।'

'भैंस के बीस हजार, मुर्रा है मुर्रा!

'ओर ये?'

'जो भी कीमत लगी भैंस की लगी। इसे तो यूँ ही मुफत में ले आया।
पाँच सौ में तो कोई भेड़-बकरी भी नहीं मिलणे की।'

'क्या कहा, पाँच सौ?'

'हाँ भाई पाँच सौ!' उसने पंजे फैलाये। पाँचों उँगलियों की छाया चूल्हे की लौ में दीवार पर लपलपा रही थी।

वह औरत बीचों-बीच आकर खड़ी हुई तो मचलती लपटों में उसका चितकबरा-चितकबरा चेहरा चमकने लगा।

अब तक मैंने अलाव जला दिया था। बड़े ने उसको पास बुलाया 'कब तक खड़ी रहेगी। बैठ जा, बैठ जा! हाथ-पैर सेंक ले।' फिर वह हमारी तरफ मुखातिब हुआ, 'दो रोटी खायेगी, पड़ी रहेगी। इब भैंस है तो उसकी देखभाल, सफाई-वफाई के लिए कोई तो चाहिए ना!' बहुत रसा-रसा कर बोल रहा था भाई।

अलाव की रौशनी में मैंने उसे भर नजर देखा पैली बार, रंगत काली, चेहरा लम्बा, बीमार-सी, पच्चीस-तीस की लगे थी। मेरी मायूसी पर भाई वे ढाढ़स दिया, 'अभी कमजोर लगती है न, दस-पाँच दिण भैंस का दूध-छाछ पियेगी, सही हो जावेगी।'

लालटेन लेकर मैं भैंस को देख आया। देखणा क्या था जी, हम कोई सयाणे तो थे नहीं। बैल की नाद में बाँध कर पाणी-वाणी डाल आया। देखणा तो उस औरत को-ई था जो अभी कहीं से भी देखणे लायक ना थी। अलाव के पास आकर मैंने फिर पूछा, 'मगर ये है कौण?'

'औरत!'

'इसके आगे पीछे?'

'वो भैंस का मालिक चौधरी शायद पूरब से कहीं से लाया था, भौत सस्ते में। कैता था, उधर गाय-भैंस भी सस्ते हैं और इन्साण भी। कोई ना पूछे। बस जाओ और हाथ पर सौ-पचास रख के ले आओ। हम हँवा से लाते तो पाँच सौ भी न देने पड़ते।'

मेरे मण में ढेरों सवाल थे और बड़े के पास सारे सवालों को चुप कराणे का एक उपाय था—दारू। भैंस के आने का जसण मनाने लगे हम। छोटे को भी बुला लिया। कुछ बोला नहीं। चुपचाप चला आया। बोलणा तो उसने उसी दम से छोड़ दिया था, जब से तारा गयी थी, लेकिन बातें सुण लेता।

उधर वो औरत बाल्टी लेकर भैंस का दूध उतार रही थी और इधर गिलासों में दारू का गिरणा। दोनों तरफ इमरित छलक रहा था जैसे भौत दिणों के बाद पैली बार घर-घर की तरियों लग रहा था।

हमने खाणा-वाणा खाया, उसे भी खिलाया। अब सवाल सोणे का था। घर में माल था। चोरी का डर था। पैले दूध को सहेजा, वैसेई जैसे कभी माँ सहेजा करती थी। फिर भैंस को पूरब के कमरे में किया, औरत को पच्छिम के कमरे में। रखवाली के लिए बीच में अपणे लिए पुआल और कत्थड-गूदड़ बिछाए। अलाव में अभी भी आग थी और बोतल में अभी भी दारू। कुलवंत हम दोणों को लेकर बैठ

गया। बोला, 'पैले कुछ चीजों को समझ लिया जाये। सोने को तो सारी रात पड़ी है। पहला सवाल दूध का। कल से सुबै-शाम दोणों बखत का दूध बाजार जायेगा। नकदी पैसा लेणा है। उधार बिल्कुल नहीं। छोटा होशियार है, वोई लेके जायेगा। भैंस की देखभाल औरत कर लेगी। जो जमीण अपनी अभी भी बची है, उस पर भैंस का चारा बोया जायेगा। अणाज का क्या है, दूध के पैसे से कभी भी खरीद लेंगे, ये मँझला करेगा।' इशारा मेरी ओर था। वो ऐसी बहुत-सी बातें बोलता गया। पता नहीं, कितणा नशे में था, कितणा नशे से बाहर। आखिर में उसके मूँ से वो बात निकली, जिसका हमें इन्तजार था। तनिक शरमाते हुए बोला, 'देखो, आज पैला दिण है, घर में लछमी आयी है। सगुण के लिए आज कौण जायेगा उसके पास?'

नींद हमें थोड़ी-थोड़ी घेर रही थी कि हम एकदम-से जग गये। बड़े ने बात आगे बढ़ाई, 'देख, सणातन का तरीका है, जो जायेगा, अपणा जूता दरवाजे के बाहर रख देगा, ताकि पहचाण बणी रहे, पता चल जाये कि अन्दर कौण गया है। 'तू चला जा।' उसणे छोटे को पुचकारा। छोटा गुम बना रहा।

'नहीं जाता, तो तू ही चला जा।' उसने मुझसे कहा।

'तुम्हारे होते हुए भला मैं...?' मैंने थूक निगलते हुए कहा।

'तो ठीक है, तुम लोग नहीं जाते सगुण करणे तो मुझी को जाणा पड़ेगा।'

मैंने कहा न साब, मेरा बड़ा भाई हीरा है हीरा। फिर आज तो उस हीरे को तराश मिल गयी थी। चमक रहा था। कितणा मीठा-मीठा बोल रिया था आज मेरा भाई!

मैं बिछौणे पर चला गया। लेकिन सत्ती बैठे-बैठे बाहर कोहरे को घूरता रहा, मैंने पुकारा, 'आ जा सत्ती, सुबेरे कित्ते काम हैं।'

तभी अन्दर से बड़े की आवाज आयी, 'उससे कै दो सुबेरे चौधरी लोग भी आवेंगे, सो जाये।'

'वो किसलिए?' मैंने पूछा।

'अरे नयी लुगाई आयी है, कुछ पिलाना-पिलाणा पड़ेगा-ई।'

लेकिन सत्ती नहीं आया। क्या पता, कब तक बैठा रहा यूँ ही, मुझे तो नींद लग गयी। मैं सो गया।

सुबह बहोत देर से हुई। यूँ कहें, हम जागे ही बड़ी देर से वो भी फट-फट फट-फट! करती सुबेरे-सुबेरे कोई मोटर साइकिल आकर खड़ी हुई, तब! दो-दो चौधरी उतरे उस पर से। पता नहीं सत्ती से क्या 'तू तड़ाक' हुई कि वो चीख पड़ा, 'इसकी जात?'

वे उसे शान्त कराणे लगे, लेकिन उस पर तो जैसे परेत सवार था चीखने लगा, 'बैण के बखत तो कहा, जात से बड़ी कोई चीज ना होवे और इब...? जात की ही सजा दी थी न तारा को! तुम सालों बूढ़ों से एक दिन बरदास न हुआ और बैण को बरमचरज पढ़ा रए थे?'

मैं उसे चुप कराते-कराते थक गया। कुलवंत ने कमरे के अन्दर से ई डाँटा लेकिन उसणे तो चींख-चीख कर पूरे गाँव को ई बुला लिया। सच ही कह कर गयी थी माँ, 'देख लेणा, अभी तो सत्ती चुप है, लेकिन जिस दिण ये बोलेगा, सारी आवाजें चुप हो जावेंगी।'

पच्छिम का कमरा भड़ाक से खुला। कुलवंत मेरा बड़ा भाई दनदनाता हुआ बाहर निकला और अपने जूते हाथ में उठा कर दो जूते मारे सत्ती को, 'च्चोप साले।'

सत्ती का बड़बड़ाना जारी था।

'तू भी मार!' कुलवंत ने मुझे भी उकसाया। मैंने भी मारे। और साब चौधरियों ने भी दो-दो जूते लगाए और ललकारा, 'और मार, और मार स्साले को, कोई कोल-फैल (लाज लिहाज) ही नहीं इसे तो!'

2009

सौ टके की टीचर

वह बार-बार सूरज को देख रही थी और काम करती जा रही थी गोया वह महज एक कठपुतली हो जिसकी डोर सूरज के हाथ में हो और वह नाचते-नाचते पस्त हुई जा रही हो।

कोई एक काम है। कुट्टी काटना, नाद साफ करना, कुएँ से साफ पानी निकाल कर नादों में भरना, दो बैल, एक गाय, एक पँड़िया को नाद से बाँधना और दोनों बकरियों और उनके तीन मेमनों को बाहर खदेड़ना—साथ में अपनी बेटी को भी, 'देख किसी के खेत-वेत में न पड़ जायें। घण्टे भर में आ जाना छोटके को देखना है, रात देह तप रही थी, बाहर खेलने न पावे।' इसी के साथ ध्यान छोटके पर जाता है, मगर उसे छेड़ने का मतलब है बाकी काम बन्द।

सास का टटरा अधखुला है, अस्त-व्यस्त सोई पड़ी हैं। ससुर उठ गये हैं और सुरती मलते हुए पोखर की ओर जा रहे हैं। यानी 'महारानी' की तबीयत आज फिर खराब है। अब गोबर भी उसे ही काढ़ना पड़ेगा और झाड़ू-बरतन भी। निचोड़ लो जितना निचोड़ते बने। यह प्रौढ़ शिक्षा की मास्टरी जैसे माहुर का कौर हो गयी सबके लिए। सौ रुपये की आस बँध गयी है तो जलने लगे हैं सब, कल को पाँच-सात सौ मिलने लगे तो जाने क्या बीतेगी इन पर! तिस पर भी वह सबेरे का सारा काम निपटा कर जाती है कि किसी को 'तिरिन' न तोड़ना पड़े, लेकिन इन सबको खुश करना पत्थर पर दूब उगाने से भी टेढ़ा काम है। मर्द पंजाब से हजार-बारह सौ कमा कर भेजता तो उसकी भी तनिक 'पत' रहती, पर जबसे गया है, न चिट्ठी न चौपाती। ठीक है नहीं जायेगी वह। अब छोटके की दवा है करा दे कोई। चाहते हैं ठाकुर-बाभनों की तरह घर के अन्दर लाकर रखें। नहीं मरेगी वह घुट-घुटकर इस तरह।

रोटी सेंक कर, कठौते को धोते हुए बालों में जूँ का वहम होता है। खभर-खभर करती हुई सूरज को देखती है तो वह महुए की टेढ़की डाल पर बैठकर उल्लू-सी आँख निकाल रहा है। हाय राम, अभी कोस भर जाना है।

एक बासी, एक ताजा रोटी लेकर उसने नमक में डुबोकर कौर तोड़ा कि सास का डंक, 'संझा का पिसान है महटराइन!' 'महटराइन' के निहितार्थ पर तिलमिला उठी वह, 'पीसना पड़ेगा।' जबरन संयत रखना पड़ता है खुद को, कुछ भी मुँह से निकला कि महाभारत!

'तो पीसेगा कौन? तुम तो ठाठ से मचक्का पर चढ़कर मौज करोगी, कोई लौंडी-चेरिया लगा रखी हो यहाँ?' हुँह 'पीसना पड़ेगा।' कैसे गुमान से टुंहकती है! सौ रुपल्ली की महटराइन का इतना गुमान! कोई हजार-पाँच सौ कमाकर लाती तब तो गोड़ ही न परते धरती पर।'

सास और भी बहुत कुछ बोलती जाती है। एक-एक बात का दंश साल रहा है अन्दर तक, पर वह जवाब नहीं देती।

फटी धोती उतार कर चिथड़े हो चुके साये में अब वह भिखारन-सी अपनी एकमात्र धराऊँ साड़ी ढूँढ ही है। सारा कत्थर-गूदड़ उलटकर रख दिया, डारा, खूँटी सबको टटोल डाला, पर मुई मिले तब तो। अचानक उसे याद आया कल रात छोटके को तपते बुखार से बचाने के लिए ओढ़ा आयी थी वह। आज होमियोपैथी के दवाखाने से दवा भी लानी है। छोटके को बिना जगाये हौले से उतार लेती है साड़ी। साड़ी गर्म है। बुखार उतरा नहीं।

साड़ी पहनकर दीवार में जड़े आईने में मुँह देखती है तो अपना चेहरा ही डरावना लगने लगता है। पलटकर छोटके को उठाकर सीने से लगा लेती है। थोड़ी देर तक सीने से चिपकाये हुए सारा कुछ भूली रहती है, फिर लौटकर आयी बेटी को थमाकर चल पड़ती है। छोटके की रोने की टेर खींच रही है आँचल। वह बेदर्दी से पल्लू झाड़ लेती है, 'मैं ये गयी और ये आयी।'

रास्ते में गाँव के औरत-मर्द-बच्चे उसे उत्सुकता से देखते हैं—'यह नीमर की बहू महटराइन कब से होइ गयी?' अरे हम सब जानते हैं, मर्दों से गुलछर्रा उड़ाने के लिए रचा हुआ तिरिया चरित्तर है ये।'

वह बहरी बनी चली जा रही है।

डेढ़-दो हजार तनखाह पाने वाले मास्टर जा रहे हैं सड़क पर। ग्रामसेविका साइकिल पर उनसे बतियाते हुए जा रही है। जरूर दस बजने वाले हैं। अभी उसे सौ रुपये मिलने को है, सुना है, तीसरे महीने से प्रौढ़ शिक्षकों को पाँच सौ मिलने लगेंगे। तब सास के लिए एक नयी साड़ी, बच्चों के कपड़े, एक साड़ी अपने लिए भी...और दो-चार महीनों में एक साइकिल भी। पहले लाज लगेगी, लोग कुबोली बोलेंगे और सास तो...लेकिन साड़ी पाकर सास चुप हो जायेगी और ये लोग...? कहेंगे बहू हो तो नीमर की बहू जैसी! अकेले में वह इस तरह मुस्करा उठी है कि

कोई देखे तो निश्चय ही उसे पागल समझ ले।

सड़क के दोनों ओर झौंरायी हुई झाड़ियाँ हैं करील की। एक बिदके हुए ऊँट से डरकर जो बगल हटी कि साड़ी उलझ गयी-चर्र! साड़ी को छुड़ाकर मुट्ठी में मसलते हुए वह ऐसा भाव जता रही है जैसे उसे इसका कतई अफसोस नहीं, बक्से भर-भर कर साड़ियाँ रखी हैं, एक फट गयी तो क्या! पर अकेले में करील का काँटा अन्दर तक कसकता है। हाय यही तो लाज ढँकने का एकमात्र परदा था, यह भी गया। नयी साड़ी साठ से कम में क्या पड़ेगी। सौ में साठ गये, बाकी बचे चालीस।

सामने नाले की ढलान है, फिर चढ़ान। वहाँ से ठीक ऊपर टँगी दिखती है संतबकसपुर की पानी की टंकी! पिराते पाँव मन-मन भर के हो रहे हैं, मानो टंकी ठीक सर पर आ टिकी है।

बेजान टाँगों को घसीटते हुए चली जा रही है कि रास्ते में कोई इक्केवान उसे सलाम करता है। मन तृप्त हो उठता है। सर पर टिकी टंकी हवा में उड़ जाती है। अटपटी चाल धीरे-धीरे सधती है। चेहरे पर प्रौढ़ शिक्षिका का अभिजात्य सारी खिसियाहट को ढँक लेता है। 'मत भूलिये कि आप एक महान कार्य करने जा रही हैं—औरतें शिक्षित होकर ही समझ पायेंगी कि उन पर कौन से जुल्म ढाये जा रहे हैं।' निर्देशक के सन्देश कानों में गूँजते हैं।

हरिजन टोले की चौपाल पर पहुँचकर अपने फटे आँचल को मसलते हुए उसकी आँखें सिकुड़ जाती हैं, 'अरे कुल जमा पाँच जनी? और लोग कहाँ हैं?' आले से रजिस्टर निकालकर खाट पर बैठ जाती है।

'मजूरी पर...।' एक नपा-तुला जवाब आता है।

'लेकिन ऐसे कैसे काम चलेगा, ऐं!' होंठ काटकर और संजीदा होने का अभिनय करते हुए उठकर ब्लैक बोर्ड पर आती है।

'अक्षर और मात्राएँ हमने लिख दी हैं, अब आप में से हर एक यहाँ आकर अपना नाम लिखेंगी—ठीक!'

पर यह नामोल्लेख का सिलसिला चल नहीं पाता।

'इनिसपिट्टर साहेब! कोई बाहर से सूचना देता है और एक लड़का अपने काले चश्मे के अन्दर से चौपाल में झाँकता है, 'यह क्या, सिर्फ पाँच?'

उसकी महटराइन का नकाब ढीला होता है, 'आइये बैठिये सर! वो कुछ मजूरी पर चली गयी हैं।'

'सरकार इसी के लिए तो पैसा देती है कि आप उन्हें समझा-बुझाकर ले आवें।'

वह कहना चाहती है, 'हाँ, सरकार इसी के लिए तो खजाना उलटे दे रही है।' मगर कह नहीं पाती।

रजिस्टर खोलकर मुआयने की दस्तखत करते हुए रख देता है लड़का, 'अपनी के साथ-साथ मेरी नौकरी भी खाओगी तुम!'

'कोशिश तो करती हूँ, पर वे बड़ी हैं, बच्ची नहीं, क्या करूँ?'

'खाक कोशिश करती हैं।' लड़का उसकी रही-सही गरिमा पर धूल उलीचता है, 'कल उड़नदस्ता आ रहा है, डिपुटी डायेरक्टर भी रहेंगे। काम की समीक्षा होगी। अगर कल भी उपस्थिति यही रही तो हम दोनों का पत्ता साफ समझिए।'

'कहाँ वह तनखा कब मिलेगी, पैसे बढ़ेंगे भी या नहीं—यह सब पूछने वाली थी, मगर इंस्पेक्टर उठ खड़ा होता है। नहीं-नहीं', वह पत्ता साफ नहीं होने देगी।

'कुछ सुना आप लोगों ने? कल से सबको आना पड़ेगा और पढ़ाई छोड़कर चूल्हे पर की दाल उतारने जाना या बच्चे को दूध पिलाने जाना सब बन्द।' वह फिर से महटराइन के नकाब को ठीक करने लगती है, पर मन अन्दर ही अन्दर आहत है। औरतें आपस में काना-फूसी करती हैं, 'अब और लोग नहीं आये तो इसमें महटराइन का, का कसूर? कैसा झाड़ के गया इनिसपिट्टर। पाँच सौ पाता होगा!'

'हियाँ कोई बच्चा तो है नहीं। सबके अपने-अपने काम हैं। पढ़ाई तो सबसे बाद की चीज है।' कोई दूसरी आवाज आती है।

हुँह चिरौरी-मिनती कर ले आओ, पढ़ाओ, समझाओ और तनख्वाह सौ रुपये, तिस पर सौ रुपैया लेने के लिए बिलाक (ब्लॉक) जाओ तीन कोस दौड़-दौड़ कर टरेनिंग करो दू-दू कोस। लूट मची है लूट।' वह सहानुभूति की आँच से इस तरह पिघलने लगी है कि अँकवार में लेकर एक-एक से जी भरकर रोये। लेकिन नहीं, बखत नहीं है, अभी उसे अनुपस्थित औरतों को ढूँढकर-फुसलाकर लाना है।

'काकी, कौन-कौन कहाँ गयी है, जरा बता सकती हो।' वह एक प्रौढ़ महिला से पूछती है।

'शंकर पांड़े के उसी बड़के गाटे में सब हैं।' वह आँख से इशारा करती है, 'जाना चाहती हो तो जाओ, हम हियाँ से हिलेंगे नहीं।'

'शंकर पांड़े!' उसका रोआँ काँपता है इस नाम से, ऐसे देखेगा जैसे अन्दर तक नंगी होती चली जा रही हो वह। मगर जाना तो पड़ेगा ही।

शुकर है शंकर पांड़े नहीं हैं और औरतें खेत में ही दोपहर के भोजन पर बैठी हैं। वह यहाँ प्रौढ़ शिक्षिका नहीं, मजूरन-सी गिड़गिड़ा रही है। एक-एक से, 'पढ़ लो चाची, पढ़ लो अम्मा, पढ़ लो बहिनी, पढ़ लेने में बहुत फायदा है।'

'अरे तुम इतनी अधीरज काहे हुई जा रही हो महटराइन? दुई-चार दिन की मजूरी है, कमा लें, फिर पढ़ेंगे।'

'सिलाई-कढ़ाई की मशीन आ रही है, तेल फिरी है और भी बहुत कुछ फिर ऐसा मौका नहीं आयेगा...कपड़ा भी फिरी बँट सकता है पैसा भी। कल मुआयने के लिए आ रहे हैं साहेब लोग।' वह अन्तिम झूठ का चारा फेंकती है।

'तब सबसे पहले एक साड़ी खुद के लिए ले लेना, इससे तो आर-पार दिखता है महटराइन का!' वह चिहुँक उठती है इस आवाज पर। अरे शंकर पांड़े! एक हँसी का जलजला उठता है और वह झुलसती हुई लौटती है।

घर लौटती है तो जैसे आवाँ धधक रहा है। छोटका का बदन तप रहा है, दवा लाना याद ही नहीं रहा। सास बोलती नहीं। ससुर का मुँह फूला हुआ है। बेटी की आँखें सूजी हुई हैं। शायद मार पड़ी हो। पता नहीं सास ने मारा, ससुर ने मारा या किसी और ने। बकरी जरूर पड़ी होगी किसी के खेत में। छोटके को गोद में लेकर कभी घर की चिन्ता में डूबने लगती है, कभी स्कूल की कल क्या होगा?'

सुबह सास-ससुर से झगड़ाकर बेटी और छोटके को साथ लिवाती जाती है। बेटी को छोटके को लेकर डिस्पेंसरी चलने को कहकर हरिजन टोले की ओर मुड़ जाती है। औरतें मजूरी के लिए निकल गयीं तो फिर नहीं लौटेंगी।

एक बार, फिर वही घिघियाहट, 'आज भर मत जाओ काकी, मत जाओ बूआ, रुक जाओ बहिनी।'

टोले भर की औरतें एक-एक कर इकट्ठा होती हैं, इनमें ज्यादातर उसकी प्रौढ़ शिष्याएँ हैं। औरतें उसकी इस बदली मनःस्थिति पर उसके प्रति सहानुभूति भरी टीका-टिप्पणी करने लगी हैं, पर आज का स्तर और दिनों से भिन्न है, आज वे दाता हैं और वह भिखारन।

'का जिद पर अड़ी हुई हो महटराइन। पढ़वा-लिखवा कर कोई कलक्टरी-कप्तानी तो दिलवा नहीं दोगी?' एक औरत खीझकर कहती है और उसका घेरा तोड़कर चल पड़ती है।

'मेरी नौकरी का सवाल है, रुक जाओ बूआ।'

'और हमरी नौकरी का सवाल नहीं है बिटिया? सौ रुपल्ली की खातिर तुम सबेरे-सबेरे उतनी दूर से जान देने चली आयी, तो हम तीन सौ की खातिर जा रहे हैं तो गलत कर रहे हैं? हम तो कह रहे हैं, तुम भी चलो हमारे साथ।'

'बूआ!' वह रुआँसी हो उठी है।

रुक जाती है औरत, हाथ के इशारे से अन्य औरतों को भी रोक लेती है। आँखों-में-आँखें डालकर पूछती हैं, 'पढ़-लिखकर क्या मिलेगा?'

'कम-से-कम यह तो समझ सकोगी क्रि तुम पर कौन-कौन से जुल्म ढाये जा रहे हैं। निर्देशक महोदय के शब्दों को भूतनी-सी 'बकरती' है वह।'

'वो तो बिना पढ़े ही हम समझ जाते हैं।'

'कैसे?' वह मरी आवाज में पूछती है।

'तुमको देखकर!'

1990

अभिनय

'मैं तुम्हें घर के चूल्हे-चक्की में इस तरह पिसते नहीं देख सकता।' मैं पत्नी से अक्सर कहता और मेरी आँखें प्रवण हो उठतीं। फिर मैं जिद कर बर्तन धोने, झाड़-पोंछा करने लगता। आखिर मेरी तपस्या रंग लायी। वह पिघली, 'पता नहीं, कैसी हो?'

'तुम देखती रहो, एजेंसी वालों से कहकर एकदम चौबीस कैरेट की बाई लाकर तुम्हारे हाथ पर न रख दी तो मेरा नाम नहीं।' मैंने 'मैं हूँ न!' के अन्दाज में उसे आश्वस्त किया और एजेंसी वालों के ऐन सामने ले जाकर पत्नी को खड़ा कर दिया।

'शाम को भेजते साब!'

'एकदम चुनकर भेजना—हर काम करने लायक, सच्चरित्र...ईमानदार...।'

'और हिन्दू।' पत्नी ने मेरा वाक्य पूरा किया।

'आप बेफ्रिक रहो साब, सभी बाई का जनमपत्री अपने पास है। एकदम चुनकर भेजेगा।'

इस तरह वह औरत हमारे घर आयी। मैली गोराई, बकरी-सी पीली आँखें, बीस-पच्चीस की उम्र, औसत कद, भरी-पूरी देह यष्टि, साफ-सुथरी साड़ी, सिर पर आँचल, माँग में सिन्दूर, गले में मंगल-सूत्र।

पत्नी का इंटरव्यू शुरू हुआ—

'तुम्हारा नाम?'

'मीना।'

'मीना क्या...?'

'मीना दास।'

'हिन्दू हो?'

'जी।'

'यहाँ किसके साथ रहती हो?'

'अपना स्वामी, लेड़का-लेड़की।'

'लेड़का-लेड़की' पर में चौकन्ना हुआ, 'कहाँ की हो?'

'पश्चिम बांगला, मुर्शीदाबाद, तेतुलतल्ला।'

'लेकिन बोली की 'टान' से तो बांग्लादेशी लगती हो।' पत्नी जो स्वयं बंगाल की थी, से यह 'टान' (खिंचाव) बचकर कहाँ जा सकता था।

उसकी पलकों की तितलियाँ थरथराईं, फिर उसने इनकार में अपना सिर हिला दिया, 'भौत पहले हमारा बाबा (बाप) आया था मुर्शीदाबाद, हुंआइ हमारा जनम हुआ, ससुरबाड़ी, (ससुराल) मालदा में।'

'यानी जड़ें बांग्लादेश में, लेकिन हो खांटी भारतीय।'

'जी।' मीना ने जल्दी-जल्दी बात बदली, 'मेम साब, काम...?'

'खाना बनाना, झाड़ू-पोंछा, बर्तन...कर लोगी?'

'कब से आयें?'

'क्या लोगी?'

'वही जो सब देते—डेढ़ हजार।'

वह हमारे सामने खड़ी-खड़ी बतला रही थी—विनी मुद्रा, झुकी-झुकी पलकें, दरवाजे पर काल्पनिक रेखाएँ बनाती हुई तर्जनी।

पत्नी ने कुछ सोचते हुए पूछा, 'मुर्गी-वुर्गी खाती होगी?'

मीना ने जीभ काटी, चेहरे पर ऐसा कातर भाव छलक आया मानो उसे जबरन धर्मभ्रष्ट किया जा रहा हो।

'ठीक है। कल से आ जाओ, सुबह-शाम सात से साढ़े आठ।'

दूसरे दिन से वह आने लगी।

काम वह सलीके से करती, खाना-झाड़ू-पोंछा, बर्तन, कपड़े साफ करना, इस्तरी के लिए कपड़े धोबी को देना, बाजार से कभी-कभार सौदा-सुलुफ ला देना। डेढ़ घण्टे सुबह, डेढ़ घण्टे शाम। यह डेढ़-दो से भी ज्यादा खिंच जाता कभी-कभी। डेढ़ हजार में सौदा बुरा नहीं था।

सबसे पहले वह पूजाघर की चौखट पर गले में आँचल डालकर घुटने मोड़कर झुककर प्रणाम करती फिर दूसरे कामों में हाथ लगाती। पत्नी उससे कभी-कभी मसाज (मालिश) भी करा लेती। उसके श्रद्धाभाव से प्रभावित होकर पत्नी ने उसे पूजागृह में जाने की अनुमति दे दी।

'तुम्हारे घर में भी पूजा-स्थान है?' पत्नी ने पूछा।

'है, लेकिन भौत-ई छोटा।'

उसकी शालीनता में बाल बराबर भी फर्क नहीं आया था, लेकिन इतनी

शालीनता मुझमें ऊब भरने लगती। अब यह क्या कि मुझे आता हुआ देखते ही, बगल पीठ कर खड़ी हो जाओ कि चेहरा तक न दिखे, घर में अकेला रहूँ तो बाहर चली जाओ। यूँ मैं खुद भी उससे निरपेक्ष ही बना रहता। मन ही मन में कुढ़ता, किस मध्ययुगीन श्यामा सुन्दरी को मैं ले आया। कुछ भी हो पत्नी सन्तुष्ट थी और यही बहुत था मेरे लिए उस समय।

तीसरे महीने पत्नी को फसलों के हिसाब-किताब के लिए हठात् गाँव जाना पड़ गया। अब घर में मीना थी और मैं था। पहले दिन तो मैंने सिर्फ चोर निगाहों से ही काम लिया। कहिए कि भर नजर उसे ताका तक नहीं। आश्चर्य, मीना की नजरें भी झुकी-झुकी ही रहीं। उसकी दिनचर्या में भी कोई तब्दीली न आयी—वही पूजा घर, वही किचेन, बाथरूम और झाड़-पोंछा। मैं नाश्ता करके टिफिन बैग में डालकर दफ्तर निकल गया। शाम को मेरे घर आने से पहले वह खाना बनाकर चली गयी। इस तरह दिन बीतने लगे। चाबी सिक्योरिटी गार्ड के पास रहती।

एक दिन बीता, दो दिन बीता। कमबख्त शाम को कब आती, कब चली जाती, कुछ पता ही न चलता। तीसरे दिन मैं दफ्तर से जरा पहले चला आया। चाबी मीना के पास थी। यानी मीना फ्लैट के अन्दर। दरवाजे पर दस्तक दी। मीना ने दरवाजा खोला। विस्मय की एक लहर चेहरे पर आकर चली गयी। उसने सिर झुका लिया। मैं बाथरूम से फ्रेश होकर आया तो वह जाने को तैयार थी।

'मीना!'

मेरी आवाज पर उसने पलटकर देखा, कहा कुछ नहीं।

'तुम इतनी गुमसुम क्यों बनी रहती हो?'

'मेमसाब कब आयेगी?'

'अभी समय लगेगा। क्यों?'

'वो हमरा मरद है न, हम पर सन्देह करता है।'

'क्या?'

'यही कि जिस घर में कोई जनाना नहीं है, हुआँ ये ठीक नहीं है।'

'उसे कैसे मालूम हुआ?'

'ई आजू-बाजू (अगल-बगल) के घर की मेमसाब लोग बताया उसको।'

'तुम क्या चाहती हो?'

'घर में चार-चार प्राणी खाने वाला, हम दोनों, लड़का-लड़की। न आऊँ तो खर्च पूरा कैसे पड़े।

'क्यों तुम्हारा पति...? सिर्फ शक ही करता है कि कुछ काम भी?'

'कोच्छ नहीं। दुकान पर था—वो फेल, रिक्शा चलाया—वो फेल, सब्जी बेचा—वो फेल।'

'बच्चे पढ़ते हैं?'

'पढ़ाती हूँ।'

'सारा खर्च तुम अकेले उठाती हो?'

'चार-चार घर काम करती मैं। खुद एक पैसा कहाँ कमाकर हाथ पर रखेगा। झाड़-झूड़ कर सारा पैसा दारू और जुए में उड़ा देता वो और इस पर ये हुक्म कि नौकरी छोड़ दो।'

'अभी जाकर खाना भी बनाओगी?'

'हाँ।'

'सुबह उठती कब हो?'

'पाँच बजे।'

उस दिन थोड़ी-सी खुली, थोड़ी बाद में, जब मैं उसे महीने की पगार देने लगा। डेढ़ हजार के नोट लेकर कुछ देर तक यूँ ही खड़ी रही फिर झिझकते हुए बोली, 'इसे यहीं रख दें तो...?'

'यहाँ...यहाँ क्यों?'

'वहाँ ले जाने पर वो एक ही दिन में उड़ा देगा जुए-शराब में।'

'यहाँ कहाँ रखोगी?'

'यहीं बेड के नीचे। जरूरत पड़ने पर यहीं से थोड़ा-थोड़ा ले जाऊँगी।'

इस तरह बेड का सिरहाना उसका बैंक बन गया।

उसका अगला कदम रहा बाथरूम के इस्तेमाल का, 'साब घर में पानी नहीं है, आप कहें तो नहा लें।'

'नहा लो, लेकिन कपड़े तो तुम लायी नहीं साथ में।'

'वो, मेमसाब एक साड़ी दिया था, वो यहीं है।'

'ठीक है।'

नहा-धोकर वह वापस आयी तो मेरी नजर खुद-ब-खुद उस पर टँग गयी। पत्नी की पुरानी पड़ी बैंगनी रंग की साड़ी उस पर खूब फब रही थी।

मैं अपना टिफिन और उसकी बैंगनी छवि लेकर दफ्तर चला गया। उस दिन आने में जरा देर हुई। आश्चर्य वह इत्ती देर तक रुकी पड़ी थी। दरवाजा खोलते ही मुझे उसके बदन से चन्दन की भीनी-भीनी खुशबू आयी, लेकिन बाहर जाने की बजाय वह फर्श पर बिछे मेट पर चकरा कर गिर गयी।

'क्या हुआ?'

'बहोत दरद है।' वह उठकर जैसे-तैसे खड़ी हुई।

'कहाँ?'

'ए गरदन पर।'

'उसने फिर मारा था क्या?'

'वो तो रोज ही...।'

'डॉक्टर नहीं दिखाई?'

'डेढ़ सौ रुपैया फीस है, दवा ऊपर से। ऐसेई ठीक हो जायेगा।'

'नस चढ़ गयी होंगी।' वह गर्दन को उँगली से सहला रही थी।

'देखूँ।'

मैंने गर्दन देखी। प्रत्यक्षतः ऐसा कोई उभार नहीं दिखा। 'कहाँ?' उसने उँगली रखकर दिखाया, 'ए-यहाँ।'

'यहाँ? इस बार मैंने हाथ वहाँ रखे।

'नहीं और नीचे।'

'यहाँ?'

'यहाँ...'

इस बार एक डूबती कराह के साथ उसकी पलकें मुँदने लगीं और वह मेरे हाथ पर झूल गयी। अन्दाज वही जो आर के फिल्म्स के प्रतीक का हुआ करता है, पुरुष की बाँह में झूलती नव यौवना। उसका आँचल गिर गया। ब्लाउज के हुक टूटने की हल्की आवाज हुई और स्तनों के उभार खिल गये। मेरे नथुनों में एकमुश्त खुशबू भरती जा रही थी और साँसें गरम होती जा रही थीं। अन्ततः वही हुआ जिसे मैं इतने दिनों से चाह रहा था और जिसका पत्नी को डर था।

हमारे तमाम आवरण धरे के धरे रह गये।

हम दोनों ही एक दूजे के सामने नंगे हो गये।

झिझक टूटने भर का जैसे हम दोनों को इन्तजार था। यह क्रम चल निकला। वह मेरे बिस्तर पर, उसका खजाना मेरे सिरहाने, उसका वजूद पूरे घर में...!

दवा-दारू और दीगर खर्च के लिए वह मुझसे एक हजार रुपये अतिरिक्त ले चुकी थी। माँगने पर आनाकानी करने लगती। आश्चर्य अब न वह पति की शिकायत करती, न पिटाई की, न दर्द की जैसे वे बादल थे, उड़ गये।

यह नाटक का तीसरा अंक था। मैं जिस तरह उसके यौनाकर्षण के जाल में उलझता जा रहा था, कभी-कभी मुझे उससे डर लगने लगता। ऐन किसी दिन रंगे-हाथों पकड़े गये या उसने मुझे ब्लैकमेल करना शुरू किया तो क्या होगा! ऐसे सम्बन्ध 'यूज एण्ड थ्रो' की हद से आगे नहीं बढ़ने चाहिए थे और कमबख्त मुझसे

यूँ चिपकी जा रही थी जैसे चुम्बक हो।

इससे पहले कि पानी नाक के ऊपर आता, पत्नी लौट आयी। भला हो मोबाइल फोनों का, आने-जाने की सूचनाएँ तत्काल मिल जाया करती हैं, वरना पहले के दिन होते तो पत्नी दरवाजा खोलती और उसे भूत दिख जाता। हमने और मीना ने अपने सारे चिह्न पोंछ दिये, धो दिये, मिटा दिये और अपनी-अपनी पुरानी भूमिकाओं में लौट आये जैसे पत्नी की अनुपस्थिति में भी घर वैसा ही चलता रहा था। फिर भी जाने क्यों मैं खुद से डरा हुआ था और मीना से भी। कहीं किसी लालच में मीना ने पत्नी को सब कुछ सच-सच बता दिया तो...?

खैर ऐसा कुछ नहीं हुआ। उसकी पुरानी दिनचर्या फिर से लौट आयी। वह पूजागृह में पत्नी की सहायता भी करने लगी अब। यह इस बात का संकेत था कि पत्नी का उस पर विश्वास और भी गाढ़ा होता जा रहा है। मैं मुतमइन होता गया।

और अब नाटक का चौथा अंक। वह पकड़ी गयी। अपनी तमाम सतर्कताओं के बावजूद वह पकड़ी गयी। पकड़ी गयी मगर दूसरे बिनाह पर...

हुआ यह कि उसने भूल से 'जल' की जगह 'पानी' कह दिया था। वैसे यह कोई इतनी खटकने वाली बात न थी, मेरे लिए तो बिल्कुल ही नहीं, लेकिन मेरी बंगालन पत्नी ने 'पानी' को दूर तक सूँघ लिया,

'सच, सच बता तू कौन है?'

वह सकपकाई, पलकों की तितलियाँ फड़फड़ाईं, 'म-म-मीना।'

'झूठ मत बोल।' पत्नी ने धमकाया।

'नहीं मेमसाब झूठ नहीं।'

'खा अपने बेटे की कसम।'

उसका सिर झुक गया।

'तू मुसलमान है न?'

'जी।'

'और नाम मीना नहीं अमीना है।'

'झूठ क्यों बोली?'

'काम पाने के लिए।'

'और ये पूजा, ये शंख की चूड़ियाँ, मंगलसूत्र...?

वह चुप रह गयी, मगर पत्नी का जिरह जारी था, 'झूठ क्यों बोली?'

'सच बोलती तो आप मुझे काम पर न रखतीं और काम मेरे लिए बहोत जरूरी था।'

'मैं तुम्हें पुलिस के हवाले करूँगी, तुमने मेरा पूजाघर, मेरे ठाकुर जी को

अपवित्र किया है।'

उसने उसे कातर नजरों से देखा, फिर वही कातर नजरें मेरी ओर टेक दीं। मगर मैं खुद समझ नहीं पा रहा था कि यह सब क्या हो गया। मेरे अन्दर के अपराधबोध ने वैसे ही मेरी जबान पर ताले जड़ रखे थे। पत्नी और मीना—मैं दोनों से डर रहा था।

मीना ने पत्नी के पाँव पकड़ लिए, 'दया करो मेमसाब, मैंने जो भी गलत किया, वह सब अपने परिवार को बचाने के लिए किया।'

पाँचवाँ अंक।

बाहर पुलिस-वैन खड़ी थी। अन्दर वह भलर-भलर रोते हुए प्लास्टिक के थैले में हमारे दिये हुए सामान को समेट रही थी। उस दिन न उसके गले में मंगलसूत्र था, न शंख की चूड़ियाँ, न माँग में सिन्दूर। नाटक खत्म हो चुका था और अभिनेत्री अपने मेक-अप का एक-एक सामान उतार रही थी। पत्नी ने उसे साड़ी भी दी, सलवार-सूट भी। जाते समय पहली बार उसने पूजाघर के ठाकुर जी को प्रणाम नहीं किया। हाँ, पत्नी को घुटनों के बल झुककर प्रणाम किया, फिर डबडबाई आँखें ऊपर की, 'आप लोग सिर्फ एक बार कह दें कि मैं अमीना नहीं मीना हूँ तो मैं अभी बच सकती हूँ। जब तक जीवित रहूँगी, गुलामी करूँगी आपकी।'

पत्नी ने उसे अनसुना करते हुए मुझसे कहा, 'जाओ इसे पुलिस-वैन तक पहुँचा आओ।' फाँसी के आसामी को कोर्ट से बाइज्जत बरी किया गया था, मुद्दत के बाद इतना हल्का महसूस कर रहा था मैं।

'हमारे कहने मात्र से तुम अमीना से मीना कैसे बन सकती थी?' मैंने चलते-चलते उससे पूछा।

'क्या रखा है मीना और अमीना में?' वह शब्दों को चूसकर थूक रही थी ज्यों, 'अल्लाताला के यहाँ से स्टाम्प मरवाकर तो आयी नहीं, जैसे मीना वैसे अमीना। जैसे हिन्दू, वैसे मुसलमान?'

'तुम्हारे बच्चे...?'

'वो भी।'

'और स्वामी (पति)?'

'वो तो भाग गया स्साला, हमें छोड़कर।'

'अरे।'

बस में उसके बच्चे बैठे हुए थे, उसका स्वागत करने से बोले, 'माँ जानलार धारे जायेगा रेखे छी।'

(माँ खिड़की के बगल सीट रखी है।)

मैंने उसका सामान सीट के नीचे रखा, बच्चों के गाल थपथपाए। उन्हें पचास-पचास के नोट थमाए जैसे परायी नहीं, अपनी पत्नी और बच्चों को बनवास दे रहा होऊँ। जेब से सौ का नोट निकाला उसे देने को, उसने मुँह फेर लिया।

'बहुत-बहुत धन्यवाद!'

'किस चीज के लिए?' मुँह फेरे हुए उसने कनखियों से ताका।

'सच न बोलने के लिए।'

'हुँह!' वह मुस्कराई, मोनालिजा जैसी नहीं, फीकी-फीकी मुस्कराहट...जैसे कोई लाश हँसी हो?

सोचा था, यह नाटक का अन्तिम अंक होगा, मगर नहीं। अन्तिम अंक अभी बाकी था।

तकरीबन डेढ़ साल बाद वह नोएडा में मुझसे फिर आ मिली। इस बार फिर हिन्दुआना वेश।

'तुम...?'

'क्यों आपने क्या सोचा था उस दिन, मैं फिर से मीना बनकर लौट आयी। ये देखिए सिन्दूर, ये शंख की चूड़ी, ये मंगलसूत्र...।'

'लेकिन ये सब हुआ कैसे?'

'तरीका वही, जो आप लोगों से सीखा था, काम निकालने का...।'

'पति...?'

'हो जायेगा वो भी।'

'और पुराना वाला?'

'वो भड़वा पता नहीं कहाँ है। हाँ, ये रहा मेरा मोबाइल नम्बर, जरूरत पड़ने पर...।'

मैं उसे देख रहा था, जबकि वह जा चुकी थी।

मैं उसे नहीं, उस पेंटिंग की ओर देख रहा था जहाँ कोई नीग्रो बच्चा खड़ा है। सारा बदन काला, मगर आँखें उजली। पर लगता था, किसी दूसरे बच्चे ने इस पेंटिंग को नीचे से फाड़ दिया है। आश्चर्य! फाड़े हुए अंश के अन्दर से फिर कोई पेंटिंग झाँक रही थी और वह भी फाड़ी हुई। उसके फाड़े गये अंश के अन्दर से फिर एक पेंटिंग और वह भी...चित्र के अन्दर चित्र, चित्र के अन्दर चित्र। अनन्त क्रम...यह क्या कोरा अभिनय था या उससे आगे और कुछ?

2008

हत्यारा

मान्यवर! मैं सत्य-निष्ठा की शपथ लेकर कहता हूँ कि जो कहूँगा, सच कहूँगा, सच के सिवा कुछ नहीं कहूँगा।

जी, मैं बताना चाहता हूँ कि मेरा बड़ा बेटा हत्यारा है। यह सिद्ध करने के लिए मुझे शुरू से सब कुछ खोलकर बताना पड़ेगा। बाढ़ का पानी बहुत धीरे-धीरे लेता है इलाके को अपनी गिरफ्त में...।

जी, मेरे दो बेटे हैं प्रदीप और सुदीप। प्रदीप, सुदीप से तीन साल बड़ा, प्रदीप प्रखर, सुदीप मद्धम! प्रदीप हमारा गर्व, सुदीप...सो-सो! पाइप बनाने वाली एक निजी कम्पनी का क्रेन ड्राइवर था। कम्पनी इंडियन पाइप्स इतनी पुरानी और सुविख्यात कि दूसरी कम्पनियाँ रश्क करतीं। जैसे-जैसे मेरे बच्चे बड़े हो। गये उनकी पढ़ाई-लिखाई और दीगर ख़र्चों के चलते घर चलाने में मुझे आये-दिन परेशानी होने लगी। प्रदीप पढ़ने में इतना जहीन था कि कम्पनी की कई स्कीमों से मुझे लोन लेने पड़ते, मुहल्ले के लोगों से जो कर्ज़-उधार लेता वह अलग। घर जैसे-तैसे रो-गाकर चलता लेकिन बच्चों की स्कूलिंग में हमने कभी कोताही न होने दी।

प्रदीप ने हाईस्कूल में ज़िले में टॉप किया। मुहल्ले वालों को इतनी ख़ुशी कि मानो मेरे मुहल्ले ने ही टॉप किया हो। कई पावानेदारों ने कर्ज़ माफ कर दिये, कहा मेरी तरफ़ से इसे बख़्शीश समझो। कम्पनी ने भी उसे पाँच सौ की स्कॉलरशिप घोषित कर दी। प्रदीप ने हायर सेकेण्डरी में भी टॉप किया और आई. आई. टी., खड़गपुर में भी वह प्रथम दस की सूची में आ गया, तो एक बार फिर मुहल्ला गर्व से तन गया। कम्पनी ने न सिर्फ़ अपनी गृह पत्रिका में उसके और हमारे चित्र छापे बल्कि स्कॉलरशिप भी बढ़ाकर हज़ार रुपये कर दी।

पैसे फिर भी कम पड़ रहे थे और हम पति-पत्नी इस चिन्ता में ऊब-चूब हो रहे थे कि बाक़ी पैसों का प्रबन्ध कहाँ से होगा, अचानक दरवाजे पर दस्तक हुई, कई तरह की आवाज़ें आ रही थीं, आशंका में सिटकिनी खोलकर देखा तो मुहल्ले के बीसियों मर्द और औरतें! बिना पूछे सब धड़-धड़ाकर भीतर घुस आये। सबके

आगे-आगे बंटा सिंह थे, उन्होंने बिस्तर पर एक साथ ढेरों रुपये उलीच दिये; रुपयों के बीच कड़े, नथ, कर्णफूल जैसे कुछ सोने-चाँदी के गहने भी थे।

'यह क्या?'

'पैसों के चलते परदीप बेटे की पढ़ाई न छूट जाये सो हमने चन्दा करके पन्द्रह हज़ार...।' शमशुल साहब ने कहा,

मैं एक बारगी झेंप गया, 'लेकिन हम ये पैसे नहीं ले सकते?'

'मैं पूछूँ क्यों?' मुहल्ले की मोदियाइन, जिनका पति कारखाने के एक एक्सीडेंट में मारा गया था और जिन्हें मुआवजे के नाम पर जैसे-तैसे सलटा दिया गया था, ने आँख झपकायी।

अपने अक्खड़ स्वभाव के लिए मशहूर ड्राइवर बंटा सिंह ने कहा, 'सुणो परदीप के बाप, और सुणो परदीप की माता जी, हम ठैरे जिन्दगी भर के अभागे। मैनेजर से लेकर फोरमैन, यूनियन के दलाल से लेकर सूदखोर महाजन और ठेकेदार–जो चाहे, दो लात लगा दे। जब देखो नौकरी से निकाल देने की धमकी। हम सालों-साल इन्तजार करते कि कोई चमत्कार होगा और रातों-रात सब कुछ बदल जायेगा, लेकिन कुछ नहीं बदला। परदीप बेटे के रूप में हमें एक सपणा मिला। वह सिर्फ़ तुम्हारा और भैन जी का बेटा, नहीं, हम सब का बेटा है, हम सब का सपणा, हमारे बच्चों का रोल मॉडल, इस सपणे को हमें हर हाल में जिलाये रखना है।'

कृतज्ञता के बोझ से मेरे कन्धे झुके हुए हैं मान्यवर, ये देखिए आज भी मैं तन कर खड़ा नहीं हो सकता। उस दिन पहली बार मुझे लगा, दुनिया कितनी अच्छी है, दुनिया के लोग कितने अच्छे हैं। वे पैसे न मिले होते तो हम शायद ही प्रदीप की महँगी पढ़ाई को जारी रख पाये होते। मेरी हैसियत थी ही कितनी, हॉट मेटल को क्यूपोला से लेकर पाइप ढालने वाली मशीन तक पहुँचाने वाला एक मामूली क्रेन ड्राइवर जो तनख़्वाह के पैसों से सिर्फ़ जैसे-तैसे गृहस्थी की गाड़ी खींच सकता था। इतनी महँगी पढ़ाई के सपने देखना हमारे जैसे मज़दूरों, यहाँ तक कि फोरमैनों और मैनेजरों तक के बूते की बात न थी।

जी, मैं विस्तार में नहीं जाऊँगा। मान्यवर, प्रदीप की पढ़ाई अभी पूरी हुई भी न थी कि पच्चीसियों चीलें उसे लपकने के लिए मँडराने लगीं। प्रदीप ने हँसकर सब को टाल दिया और एम. बी. ए. किया। अब तो एक से बढ़कर एक ऑफर! सब के पास उनके लिए ऊँची-ऊँची तनख़्वाहें और गाड़ी, बँगला और जाने क्या-क्या। प्रदीप ने पचास हज़ार की तनख़्वाह पर एक कम्पनी ज्वाइन की। एक साल में ही उसे छोड़ दिया। दूसरे साल दूसरी भी छोड़ दी। तीसरे साल एक लाख की तनख़्वाह पर यूनिवर्सल पाइप कम्पनी का सी. ई. ओ. हुआ तो मुहल्ले वालों की बाछें खिल

गयीं। उन्हें लगा, जैसे प्रदीप नहीं, वे ही सी. ई. ओ. बन गये हैं। उन्हें लगा, उनकी तमाम हारों को जीत में बदलने के दिन आ गये हैं। उन्होंने उसके अभिनन्दन के लिए मीटिंग रखी, बंटा सिंह अपनी प्रौढ़ता भूलकर दिल खोलकर भाँगड़ा नाचे उस दिन। लेकिन प्रदीप नहीं आया तो नहीं ही आया। उसकी माँ को पहली बार अकेले में रोते हुए मैंने देखा था। मगर यह तो रोने की शुरुआत भर थी, आगे के दिन उससे भी कठिन होते गये। यह पहला शॉक था।

दूसरा शॉक हमें तब लगा जब हमें प्रदीप की शादी के रिसेप्शन का कार्ड मिला। यह क्या! माँ-बाप से हम देखते-देखते मेहमानों में बदल गये। उसे अपनी कम्पनी के लिए फुर्सत है और माँ-बाप के लिए फुर्सत नहीं! फोन भी नहीं कर सकता! यह कैसा रिश्ता है, कैसी नौकरी!

'तो रीटा जी हमारी भौजाई हो गयीं' सुदीप ने ठिठोली की। हम पति-पत्नी चुप रहे। मैंने धीरे से सुदीप से कहा, 'तू लेक्चरार बनेगा! अपने बड़े भाई का कुछ तो लिहाज कर, किसी बेटर कैरियर की ओर ध्यान दे।'

'मुझे बड़ा आदमी नहीं बनना है।' हमेशा की तरह उसका टके-सा जवाब था।

'नहीं?'

'नहीं! और सुनिए रिसेप्शन में भी मैं नहीं जा रहा। आप और माँ चाहें तो हो आयें।'

मेहमानों की तरह हम मुम्बई गये, मेहमानों की तरह प्रीतिभोज खाकर, बहू को आशीर्वाद दिया। बहू उसने सुन्दर चुनी थी, अफ़सोस सिर्फ़ एक ही था, न वह हमारी बोली समझ पा रही थी, न हम उसकी। प्रदीप ने बताया, रीटा भी उसी की तरह एक कम्पनी में ऊँचे ओहदे पर है, माँ अपने बेटे को वर्षों बाद देख रही थी। वह उसे छूकर, टटोलकर, देखना चाहती थी, कलेजे से लगाकर उसकी धड़कन से अपनी मूर्च्छित कोशिकाओं को फिर से हरा करना चाह रही थी। आख़िर तो वह प्रदीप की माँ थी। लेकिन प्रदीप के पास इसका अवकाश ही कहाँ था। बेटे-बहू हनीमून के लिए निकल रहे थे, और हमारे लिए लौटने की टिकटें हाजिर थीं, सारे अरमान मन में दबाये लौट आये हम।

क्या कहा? मैं फिर बहक रहा हूँ। क्षमा करें अब मैं मुख़्तसर में शॉक नम्बर तीन पर आता हूँ। आज से पाँच साल पहले, एक दिन सुदीप ने बताया कि प्रदीप एक बड़े घड़ियाल की तरह बढ़ा आ रहा है, अब हमारी ख़ैर नहीं। यह तो धीरे-धीरे हमें मालूम पड़ा कि उसने वह जाल बिछाया है कि सारी कम्पनियाँ बिना पानी की मछली की तरह तड़पकर मर जायेंगी या उसके आगे सरेंडर कर देंगी। उसकी यूनिवर्सल कम्पनी ने लागत के आधे मूल्य पर पाइप सप्लाई करनी शुरू कर दी।

मजबूरन दूसरी पाइप निर्मात्री कम्पनियों को भी अपनी क़ीमत घटानी पड़ी। मगर वे कितना खींच पातीं—एक साल, दो साल, तीन साल! तीसरे साल के अन्त तक नौ पाइप कम्पनियों ने 'यूनिवर्सल' के आगे समर्पण कर दिया। छह बन्द हो गयीं। प्रदीप ने एक-एक को अपनी शर्तों पर खरीदना शुरू किया।

मान्यवर! उन शर्तों में एक शर्त यह भी थी कि इन कम्पनियों के चालीस वर्ष से ज़्यादा उम्र वाले कामगारों को वह नहीं रखेंगे। इससे उसे दोहरा फायदा हुआ, एक तो ज़्यादा वेतन पाने वाले कर्मी ख़ुद-ब-ख़ुद छँट गये। दूसरे उनमें सरवाइबल के लिए आपस में ही मारा-मारी मच गयी। यूँ कहें श्रमिक एकता में फूट पड़ गयी। यूनियन के नेताओं को उसने पैसे खिलाये। वे तो जैसे खाने के लिए ही मुँह बाये बैठे थे। थोड़े शोर-शराबे के बाद सब शान्त!

मान्यवर! आपने गुलिवर और लिलिपुट की कहानी पढ़ी होगी! अब प्रदीप गुलिवर था और दूसरे लोग लिलिपुट! वह एक साथ पन्द्रह कम्पनियों की नकेल हाथ में लिए बढ़ा आ रहा था। आख़िर वह दिन भी आया, जब मेरी इण्डियन पाइप्स कम्पनी भी यूनिवर्सल पाइप कम्पनी, यानी प्रदीप के जबड़े में समा गयी। बहुत हाय-तौबा मची, बहुत! जैसे साँप को आता देख चिड़ियों के चूजे कातर होकर चीख़ने लगते हैं, कुछ-कुछ वैसी ही। लेकिन किसी पर रहम नहीं किया गया—प्रदीप के हर क़दम की सफलता पर दुन्दुभी बजाकर नाचते-गाते वे तमाम कर्मी, चन्दा देने वाले मुहल्ले के लोग, बंटा सिंह, शमशुल हक़, पिंटा, दलसिंगार सिंह, चुन्नू पाण्डे, रामू पहलवान, मोदियाइन, सहुआइन, दीपा भाभी सभी। मेरे द्वार पर बहुत बड़ी भीड़—'किसी भी तरह उन्हें सर्वनाश से बचा लूँ, उसे समझाऊँ कि उसके (प्रदीप के) भाग्य में उनका भी भाग्य शामिल है। उसे समझाऊँ!'

मैंने कोशिश भी की। लेकिन उससे मिल पाऊँ तब तो! जवाब में वह टेप और सी. डी. कभी-कभी भेज दिया करता। प्रधानमंत्री और राष्ट्रपति से मिलना आसान था मगर बाप का बेटे से नहीं। हमें छोड़ दें, अपनी पत्नी के साथ लगातार दस-पन्द्रह दिन रह सका है कभी वह? प्रदीप न्यूयार्क होता, तो रीटा सिंगापुर, रीटा न्यूयार्क पहुँचती, तो प्रदीप टोकियो...!

एक दिन ग़लती से बेटे का फोन लग गया, पूछा 'बेटा, यह फ्लाइंग ट्रैपीज का खेल कब बन्द होगा? फोन तुम्हारी माँ को दे रहा हूँ उसे बता दो।'

पत्नी को उसने बताया, 'बस यह प्रोजेक्ट पूरा होने पर मम्मी।'

'मुझे तुम माँ ही कहा करते थे, मम्मी नहीं बनी मैं।'

'सॉरी माँ! बस प्रोजेक्ट पूरा होने दो। हम सब साथ-साथ रहेंगे।'

'और प्रोजेक्ट कब पूरा हो रहा है?'

'जल्दी ही!'

'तुम पति-पत्नी माने अपने बेटा-पतोहू को एक साथ कब देख पाऊँगी?'

'यह बड़ा टेढ़ा सवाल है।'

'शायद तुम दोनों के रिटायरमेंट के बाद, अगर ज़िन्दा रहीं।'

'शायद!' वह हँस पड़ा था।

कैसी अनिश्चयता में घुल रहे थे शब्द!

'शायद' का यह प्रेत आज भी हमारे सिर पर मँडरा रहा है।

प्रदीप का पाँचवाँ शॉक! जब उसकी कम्पनी ने दूसरी सारी कम्पनियों की रीढ़ तोड़कर पाइप बनाने का एकाधिकार हासिल कर लिया, तो अचानक उसने अपने उत्पाद की क़ीमत बढ़ा दी—पहले दोगुनी, फिर तिगुनी। पाइप्स की डिमाण्ड तो दिनोदिन बढ़ती ही जा रही थी, और सप्लाई करने वाली वह अब अकेली कम्पनी बची थी सो झख मारकर उन्हें उसके बढ़े हुए मूल्य पर ख़रीदनी ही पड़ती थी। देखते ही देखते उसने अपनी यूनिवर्सल कम्पनी को कहाँ से कहाँ पहुँचा दिया! अब वह पाइप की इकलौती उत्पादक कम्पनी थी, बाज़ार पर उसका एकछत्र राज था। दूसरी कम्पनियाँ और ग्राहक जब तक चेतते, उसकी कूटनीतिक मरणफाँस में सबके सब समा चुके थे।

मान्यवर, आप कहेंगे, इसमें नया क्या है! ऐसा तो होता ही रहता है, प्रेम और युद्ध में सब कुछ ज़ायज होता है। मगर मेरा सिर्फ़ एक सवाल है, अगर यह युद्ध है तो इस युद्ध में हासिल क्या रहा प्रदीप को! सिर के बाल उड़ गये, वर्षों हो गये पूरी नींद सोये हुए। वर्षों बीत गये माँ-बाप-भाई से मिले हुए। और तो और अपनी पत्नी से भी मिल नहीं पाता है महीनों। हम बाप-बेटे दोनों एक साथ खड़े हो जायें, तो पहचानना मुश्किल हो जाये कि कौन किसका बाप है। मेरा छोटा बेटा सुदीप मामूली वेतन पर लेक्चरार है, हमारे साथ रहता है, मस्त रहता है। और दूसरी तरफ़, वह कैसी गुलामी कर रहा है, जिसने उसका विवेक सोख लिया, चैन छीन लिया, नींद छीन ली, परिवार छीन लिया। कौन कहता है कि दुनिया से गुलामी प्रथा का खात्मा हो गया है। मुझे तो लगता है गुलामों की स्थिति और भी बदतर हुई है, ये नये गुलाम हैं मेरे प्रदीप जैसे लाखों युवक, जो न अपने मन से खा सकते हैं, न पी सकते हैं, न जी सकते हैं। उसने अपनों पर ही प्रहार और वार किये, कारखाने उजड़ गये, मुहल्ले उजड़ गये।

मान्यवर, माना कि दुनिया की कोई भी अदालत उसे सीधे-सीधे हत्यारा घोषित नहीं कर सकती, उसके हाथों में ख़ून का एक धब्बा तक नहीं मिलेगा, लेकिन मैं, उसका बाप जानता हूँ कि वह हत्यारा है, सब का हत्यारा—खुद अपना भी आत्महन्ता! कौन कहता है कि वह जीनियस है, वह सिर्फ़ एक क्रीतदास है,

जरखरीद गुलाम! वह इस तरह सम्मोहित है कि उसे आज भी पता नहीं कि वह क्या कर रहा है।

अन्तिम शॉक!

मैंने देखा है मान्यवर, बूढ़े माँ-बाप देश में रह जाते हैं, बेटी-बेटे विदेश में; एक सूने बँगले का लॉन! जिसमें एक झूला झूल रहा होता है। पहले झूले पर माँ-बाप झूलते रहते हैं। फिर दो में सिर्फ़ एक रह जाता है, फिर वह भी नहीं रहता। रह जाता है, सिर्फ़ झूलता हुआ झूला। मगर वह सब मेरे साथ भी हो सकता है, नहीं पता था। कारखाने के टूट जाने से बेरोज़गार लड़कों ने इधर डकैती डालनी शुरू कर दी है। परसों मेरे घर में भी डाका पड़ा। डकैतों को मैंने पहचाना। मुहल्ले के वही लड़के थे जिन्होंने प्रदीप के लिए सम्मान सभा आयोजित की थी। डकैतों को लगा होगा प्रदीप जैसे बड़े बेटे के बाप के घर में काफी दौलत होगी। उनका अनुमान ग़लत था। जब उनकी उम्मीदें पूरी न हुईं, तो डकैतों ने मुझे, उसकी माँ को और सुदीप को एक कमरे में बन्द कर पीटना शुरू किया, 'बताओ माल कहाँ छुपा रखा है?'

वे तो हमें मार ही डालते कि बंटा सिंह के लड़के बलविन्दर को कुछ आहट-सी लगी। उसने शोर मचा दिया। हमारी जान बच गयी। इस डकैती और इस पिटाई के पीछे भी दूर तक देखता हूँ तो प्रदीप ही खड़ा नज़र आता है।

'ज़्यादा चोट तो नहीं लगी चाचा?' बलविन्दर ने पूछा।

'चोट बाहर से ज़्यादा अन्दर है बेटे।'

'प्रदीप भैया को ई-मेल भेजते हैं?'

'सुनो!' मैंने उसे रोका, 'लिख दोगे, आपका पूरा परिवार माँ-बाप-भाई डाकुओं द्वारा मार डाले गये।'

बलविन्दर तनिक सकुचाया मगर फिर कुछ सोचकर उसने वैसा ही किया। दूसरे दिन उससे उसके बैंक का एकाउन्ट नम्बर माँगा गया और कहा गया, जो हुआ, वह बहुत दुःखद है। मैं इतना मर्माहत हूँ कि व्यक्त नहीं कर सकता! लेकिन तत्काल आना मेरे लिए सम्भव नहीं, कम्पनी का अरबों रुपये डूब जायेगा। वैसे भी आकर अब क्या होगा! हालात के मद्देनज़र एक उपकार की प्रार्थना है, तुम्हारे एकाउन्ट में एक लाख जमा करवा दे रहे हैं। पूरे सम्मान के साथ मेरे परिवार की अन्त्येष्टि हो। हम पति-पत्नी स्वयं आकर उनकी अस्थियाँ प्रयाग, काशी, हरिद्वार में प्रवाहित करेंगे। बाकी पैसे तुम रख लेना।' बलविन्दर ने वह ई-मेल मुझे दिखाया।

ई-मेल देखकर हम सब हँसने लगे, जैसे हम मर कर प्रेत हो गये हों और अपनी ही मौत पर हँस रहे हों?

2009

हत्यारे

टेबुल पर ब्लैक लेबल की बोतलें थीं, सोडा था, ग्लास थे, दालमोठ और कलेजी थी और था एक नक्शा। नक्शे में एक नदी थी रतना। सुविधा के लिए नीली डोरी रख दी गयी थी नदी की जगह। देखकर लगता था, अलस भाव से पड़ी हुई है रतना। चार सिर नदी पर झुके हुए थे, जैसे वे नदी में नहीं कुएँ में झाँक रहे हों—ऐसा कुआँ, जिसमें उनका कुछ दुर्लभ-सा डूबा पड़ा हो।

दो के मुँह में महँगी सिगरेटें थीं। कुछ धुआँ कमरे में रेंग रहा था, कुछ कमरे के बाहर और कुछ उनके भेजे में। वे चार थे सिन्हा जी, अग्रवाल जी, प्रसाद जी और गोयनका साहब। नदी पर नजर गड़ाये-गड़ाये, कभी-कभी वे चखना चख लेते, फिर दारू घूँटने लगते...

'करना कुछ नहीं है', अचानक अग्रवाल जी ने खँखारा, 'बस रतना को जरा-सा इधर खिसका देना है। तीन हजार करोड़ टन कोकिंग कोल का सवाल है।' ऐ ऐसे!' अग्रवाल जी ने पेंसिल द्वारा अपनी बात को डिमॉन्स्ट्रेट करना चाहा। तभी एक दूसरी पेंसिल ने उनकी पेंसिल की राह रोक ली' माने नदी की भाषा में कहें तो पहाड़ बनकर खड़ी हो गयी पेंसिल। यह दूसरी पेंसिल सिन्हा जी की थी, 'क्या करते हैं, क्या? इधर के हजारों एकड़ के उपजाऊ खेत नदी के पेट में समा जायेंगे।'

'तो फिर जरा-सा उधर...।' अग्रवाल जी की पेंसिल ने नदी को दूसरी ओर खिसकाया।

'इधर तो हंसाटांड, सगौना, बिसुनपुर के सारे ही गाँव उजड़ जायेंगे। मेनली हरिजन्स एण्ड ट्राइवल्स!' प्रसाद जी ने पेंसिल छीन ली मानो न छीन लेते तो अब तक सचमुच वे गाँव नदी में डूब चुके होते।

'आप तो नाहक घबरा रहे हैं।' सिन्हा जी ने उन्हें ढाढ़स बँधाया, 'मुआवजा मिलेगा इतना कि उससे कई गुना अच्छे खेत खरीद लेंगे।'

'आप ही चालाक और हम ही बुद्धू!' प्रसाद जी ने आँख नचायी, 'हम अपनी जमीन का मुआवजा काहे लेंगे? समूची जमीन लेंगे और जमीन के नीचे जो कुछ है, वह सब भी। आप सरकार के मंत्री हैं, अन्याव मत कीजिए।'

'देखिए भाई जी, एकहि साधे सब सधे, सब साधे सब जाय। सब लेने के चक्कर में कहीं ऐसा न हो कि सब चला जाये। कल को सरकार ऐसा कानून ला दे कि खेत न आपके, न आपके, सारी की सारी जमीन सरकार की है, वह आपसे जबरन छीनकर देसी बनिये को बेच दे या विदेशी बनिये को–तब आप क्या कर लेंगे?'

'किसानों का गला दबाकर?'

'किसान? सब समझते हैं हम कि आप कितने बड़े किसान हैं। आपकी नजर फसल पर नहीं है, फसल के नीचे जो सब है, उस पर है?'

'माने?'

'माने सोना, कोयला, हीरा...'

'हमारी तकदीर में सोना हो तो सोना...कोयला हो तो कोयला, हीरा हो तो हीरा, पत्थर हो तो पत्थर!'

'कुछ भी हो। उसे निकालने के लिए मटिया तो आप ही हटाइएगा न?'

'हटाएँ, न हटाएँ, हमारी मरजी। कानून जब बनवाकर लाइएगा, लाइएगा, अभी तो...'

'न न न न, इस मुगालते में मत रहिए प्रसाद जी भूगर्भ सम्पदा पर अभी भी हक सरकार का ही है।'

'और सरकार माने आपका और शेख साहब का।'

'जी!'

'अच्छा अगर नदिया को बिसुनपुर के उस पार से निकाल दें तो...? गाँव भी बच जायेंगे, कोयला भी निकल आयेगा' प्रसाद जी ने नदी को दूसरी ओर जरा-सा खिसकाया।

'करोड़ों की वनज सम्पदा नष्ट हो जायेगी। वैसे भी हर लिहाज से जंगल को बचाना हमारा धर्म है।'

'है न! सत्तर चूहे खाकर बिलाय चली हज को। आप तो अमेरिका की तरह बोलने लगे। खुद पर्यावरण का सबसे बड़ा दुश्मन और दूसरे के लिए पर्यावरण की शिक्षा!'

'लेकिन आप कहाँ कम हुए! दो-दो पहाड़ पहले ही निगल चुके हैं–का तो नाम है श्याम कूट और रक्त कूट। पेट फूला हुआ है। लौह अयस्क था न। इतनी

आसानी से नहीं पचता लोहा।'

'हाँ यार, दो-तीन अड़ियल अफसरों और मंत्रालयों की नजर लग गयी है।'

'पच जायेगा।' अग्रवाल ने आश्वासन दिया।

'कैसे?'

'अकेले नहीं मिल-बाँटकर खाइए।' फिर वे झुक आये, 'अरे हमको भी बताइए कुछ गुर। कैसे-कैसे भेज दिया अपने पहाड़ काटकर, किस सी-पोर्ट से? कितने अरब में सौदा हुआ, किस देश से?' देखिए 'हम कुछ जानते-वानते नहीं, सिर्फ सुनी-सुनाई बातें हैं।'

टेबुल पर बोलियाँ टप्पे-सी उछल रही थीं। करोड़ और अरब-खरब से नीचे कोई बात नहीं कर रहा था। नदी कभी बासुकी बन जाती, जिधर बढ़ती किनारे के सैकड़ों गाँव डूबने लगते, तटवासी ऐसे चीखने-तड़पने लगते जैसे अजगर को देखकर चूहे कभी उसका रस्सा बना कर मंथन चलने लगता और टेबुल पर चौदहों रतन खनखनाकर गिरने लगते, कभी वह 'टग ऑफ वार' का रस्सा बन जाती, दोनों ओर से जोर-आजमाइश होने लगती।

नदी का क्या होगा—फैसला होना अभी बाकी था कि चौथे सज्जन गोयनका जी ने नदी की डोर को उठाकर अपनी जेब के हवाले कर लिया।

'अरे-अरे ये क्या मजाक है।' बाकी तीनों उछल पड़े, 'ऐसा कैसे हो सकता है, नदी तो हमारी जीवन रेखा है।'

'होगी। हमने वह जीवन-रेखा जेब में रख ली—आपकी न आपकी, नदी मेरे बाप की।'

उन्होंने एक नजर दोस्तों के मुरझाते चेहरों पर डाली फिर खिलखिलाकर हँस पड़े, 'डर गये! अरे, इतना छोटा कलेजा लेकर धन्धा करने चलेंगे तब तो कर चुके।' उन्होंने बैग से एक कैंची निकाली और जेब में पड़ी नदी को निकाला, ये रही नदी, चलो ऐसा करते हैं, नदी के टुकड़े कर आपस में बाँट लेते हैं। ये रहा पहला टुकड़ा, लाल गाँठ माने बगल की लाल माटी के पहाड़ माने लोहा, सिन्हा जी का। दूसरा टुकड़ा काली गाँठ माने नदी के नीचे का कोयला, ये रहा अग्रवाल साहब का। तीसरा टुकड़ा हीरा, प्रसाद जी पकड़िए, हीरा बहुत कड़ा होता है, और बाकी बचा पानी हम उसी से सन्तोष कर लेते हैं।'

'और पानी में जो रह-रह कर उतराता है, जिससे आँखें झुलस जाती हैं वो क्या है?' सिन्हा जी ने टहोका मारा।

'अब उतराता है तो क्या करें, छोड़ दें?' गोयनका जी के कहने के साथ ही

पुनः एक सामूहिक भिलभिलाहट उभरी। उपसंहार में उन्होंने कार्ल मार्क्स को उलटा कर सीधे सूली पर चढ़ा दिया—'दुनिया के मजदूरों एक हों,' का नारा देने वाले नारे देते-देते मर गये, मजदूरों को एक नहीं कर सके लेकिन हम पूँजीपतियों...'

'पूँजीपतियों...?' अग्रवाल ने किंचित् आपत्ति जताई।

'अरे वही हुआ।...हाँ तो हम पूँजीपतियों ने दिखा दिया कि तुम एक हो, न, हो, हम एक हैं।' सामूहिक कहकहे में बैठक खत्म हुई। वे उठे तो हर एक की जेब में नदी का एक टुकड़ा था।

टेबुल की डूबी बात को उतराने में थोड़ा वक्त लगा, लेकिन बात जब उतरायी तो उस जीवन रेखा से जुड़ी समूची आबादी सकते में आ गयी। सुबह-सुबह जाल डालने गये मछुआरों ने नदी में नाव उतारी ही थी कि भट-भट करती एक मोटर-बोट ने उन्हें खदेड़ लिया। नाव सर पर पाँव रखकर भागी। पचास-एक तो पम्प और उनसे जुड़े हौज पाइप्स जब्त किये गये थे, इसी तरह सैकड़ों दूसरी चीजें। पानी पीने पशु गये तो पकड़ लिये गये। बूढ़े-बच्चे समेत बारह जन तो इसलिए पकड़ लिये गये कि पाखाना करने के बाद रोज की तरह पानी छूने नदी तट पर गये थे। उन्हें पशुओं की तरह घेर कर रखा गया था और अशौच की स्थिति में उनकी अवस्था निरन्तर भद्दी और बेहूदी होती हुई टिंबकटू बनकर रह गयी थी। औरतें नहाने और पानी लेने नदी में उतरी थीं कि उन्हें रोककर साइन बोर्ड दिखा दिया गया—'सर्वसाधारण को सूचित किया जाता है कि आज दिनांक 10 जून से रतना नदी को इसके सर्वस्तरीय विकास के लिए सरकार की 'बूट' योजना के तहत अधिगृहीत कर, पाँच साल के लिए रतन लाल गोयनका को सौंप दिया गया है। नदी के जल या नदी की किसी भी सम्पत्ति का बिना अनुमति के उपयोग या उपभोग नहीं किया जा सकता। ऐसा करने वाले दण्डित होंगे।'

लोग यह सपने में भी नहीं सोच सकते थे कि कल तक जो नदी माँ की तरह उनकी अपनी थी, वे और उनके जानवर, पंछी, फसलें जिसका पानी पीते आये थे, जिसकी मिट्टी बालू से उनके आश्रय बने थे, जिसकी मछलियों से उनके भोजन में स्वाद आता था, वह नदी हठात् परायी हो जायेगी। उस पर उनका बिन्दु मात्र अधिकार नहीं रह जायेगा।

समस्या अकेले जगधर की न थी, मगर हो गयी। अब हो गयी तो हो गयी, कोई क्या कर सकता है। हुआ यूँ कि जगधर की माई अपनी एक भैंस, एक गाय और एक पाड़ा लेकर जंगल की ओर चराने निकली थी कि पाड़ा अचानक मचलकर

नदी की ओर भागा और मुँह लगाकर पानी पीने लगा। सिपाहियों ने उसे घेर लिया और लगे पीटने। घुटनों के बल गिर पड़ा ऊँचे-नीचे तट पर। तब तक आ पहुँची जगधर की भाई। कातर स्वर में फरियाद करने लगी, 'अरे बेटा, मत मारो, मर जायेगा।'

'मर जायेगा तो इधिर आया क्यों? चारों तरफ बोर्ड लगा है, पहरा है, सूरज भगवान चमक रहे हैं, फिर भी नहीं लौकता।'

'जनावर न है बेटा।'

'तुम तो नहीं न जनावर हो।'

खिसियाकर रह गयी जगधर की माँ। अपमान सह न सकी, खड़ी-खड़ी रोने लगी।

रुलाई पर दोपहर तक पुलिस के जवान कुछ पसीजे, 'आज भर नदी से पानी ले लो। मगर याद रहे, कोई नदी को गन्दा नहीं करेगा। कल से अपना इन्तजाम कर लो।'

टूट पड़े थे लोग। बाल्टियों में, कलशियों में, कटोरियों में पानी भरा गया। उनका वश चलता तो पलकों और नाखूनों तक में पानी भर लेते।

कल से अपना इन्तजाम करना था। मगर कैसा इन्तजाम?

रतना के पानी को छोड़ दें तो बिसुनपुर में बचते थे नौ कुएँ, तेरह सूखे हैण्ड पम्प, एक पोखर जो गर्मियों में सूखा रहता और अभी चढ़ती गर्मियों के दिन थे। नहाने की तो दूर पीने के पानी का संकट आ खड़ा हुआ।

गुस्सा चमक रहा था रतना की चिलकती लहरों पर। गुस्सा भभक रहा था दोनों किनारों के पेड़ों-पौधों, घास-फूस, फूल और तृण से। गुस्सा रिस रहा था मन्दिरों-मस्जिदों की काई लगी ईंटों से, गुस्सा चू रहा था ऊँघते मकानों, दुकानों से, 'इसका क्या मतलब हुआ कि अभी तक जिस नदी, पहाड़, जंगल को अपना समझ रहे थे, वे अपने नहीं हैं, जमीन अपनी नहीं है, फसल अपनी नहीं, पैसा अपना नहीं—कल तक जिन्हें हम अपना समझ रहे थे, कुछ भी हमारे अपने नहीं।'

स्वर में स्वर मिलते गये। अखबार वाले आये, टी. वी. वाले आये, छुटभैये नेता आये, सामाजिक कार्यकर्ता आये, मास्टर आये, छात्र आये, गरज कि लोग जुड़ते गये।

प्रशासन फिर भी चुप्पी साधे पड़ा रहा तो चौथे दिन तय हुआ—भूख हड़ताल!

'भाइयो, बहनो, रतना हमारी माँ है, हम उसके बच्चे। कुछ मुनाफाखोर देश की पूरी सम्पत्ति को औने-पौने दाम में बेचकर अपनी जेब भरना चाहते हैं। उनकी नजर रतना पर है। वे माँ को उसके बच्चों से छीन लेना चाहते हैं। उनकी लार

टपक रही है, कहते हैं रतना रतन की खान है। इसके नीचे कोयला है, सोना है, हीरा है। हमें न कोयला चाहिए, न हीरा, न सोना, वह सब अगर है तो पूरे देश की सम्पत्ति है, हमें तो सिर्फ रतना का पानी चाहिए। पानी।'

'बहुत अच्छा बोलता है लौंडा।'

'अभी सुनते जाइए।'

'...मगर हमारी ही चुनी हुई सरकार ने चोरी-चोरी, रातों-रात नदी को सेठ के हाथों बेच दिया। कानो-कान खबर न हुई। हम नदी पर गये तो मारे-पीटे गये। हमारी सरकार होती तो बेचने के पहले हमसे एक बार पूछ तो लेती। लेकिन ना, एक मछरी हम नदी से ले लें तो चोर और पूरी की पूरी नदी कोई चुरा ले तो ऊ चोर नहीं, सेठ! क्या तो 'बूट'! बूट नहीं लूट! बूट के माने नदी का विकास करो, पाँच साल तक करते रहो और फिर सरकार को लौटा दो। सुनने में कितना अच्छा लगता है। लेकिन कोई यहाँ तो आकर देखे कि बूट का हर बूट हमारे सीने पर पड़ रहा है। गरीब आदमी उनका कुछ चुरा ले तो उसको फाँसी और ये गरीब का सर्वस्व छीन लें तो कहीं कोई सुनवाई नहीं...तो हम कैसे मान लें, देश उनका ही नहीं, हमारा भी है, कानून उनकी ही रक्षा के लिए नहीं, हमारी रक्षा के लिए भी है...'

'अरे बाप! इस पर तो एस्मा, रासुका, टाडा और का नाम का सब धारा लगा देना चाहिए। मुँह बन्द न हुआ तो...। सब जुटते जा रहे हैं।'

वही कमरा था! वही टेबुल! वही चेहरे!

'तो...?' सिन्हा साहब का 'तो' दारू उँडेले जाने की आवाज में घुल-मिल गया।

'यार चल तो सब ठीक ही रहा था। सोचा था पहले पानी और नदी पर कन्सेन्ट्रेट करते हैं फिर पीछे लौटते हुए कोयला, लोहा, सोना और हीरा पर आते हैं। माने एक बार रतना को पालतू बना लेते, फिर दूहते जाते लेकिन...'

'कुछ ज्यादा कड़ाई कर दी पुलिस के जवानों ने।'

'अरे ब्लंट होता है न सब। कहा था पकड़ के लाने को और वे बाँधकर लाने लगे।'

'अच्छा ई भूख हड़ताल पर कौन बैठ रहा है?'

'जगधर की माई।'

'आप तो ऐसे बोल रहे हैं जैसे जगधर कोई प्रधानमंत्री का बेटा हो और उसे पूरा देश जानता हो।'

'बीच में हमने थोड़ी देर के लिए रियायत देने को कहा था। बिसुनपुर में सबने नदी का पानी लिया, सिवाय उस बुढ़िया के।'

'कहती क्या है, बुढ़िया?'

'सुन पाइएगा?'

'सुनाइए।'

'कहती है जब तक इन लुटेरों से छीनकर हमारी नदी हमको वापस नहीं कर दी जाती, तब तक हम मर जायेंगे लेकिन नदी के नजदीक नहीं जायेंगे। नदी हमारी है, हम सबकी है, इसका सौदा करने वाले बीच में कहाँ से पैदा हो गये भँड़वे?'

'तो?'

'तो क्या! बाकी लोग भी हमारे खिलाफ हो गये।'

'हूँ ऽऽऽ। और इनको भड़का कौन रहा है?'

'हैं तो ढेर सारे पत्रकार, आपके विरोधी सिंह जी, तिरपाठी जी, पासवान जी, लेकिन आग उगलने में एक नम्बर पर है खुद बुढ़िया का बेटा जगधर। सुनिए, क्या बोल रहा है...'

फिर वही कमरा। फिर वही टेबुल। फिर वही चेहरे।

'हमने पहले ही कहा था कि कुछ करो सेठ, कहीं बुढ़िया मर-मरा गयी तो बवाल मच जायेगा।'

'बवाल मचाने से मचता है, वरना देखिए, हाथी तो क्या, आप पहाड़ हजम कर गये, कुछ हुआ?'

'बेचारी बुढ़िया मर गयी।'

'हाँ मर गयी।'

'अब लोग हमें हत्यारा घोषित करेंगे।'

'हत्यारा तो हमारी पुलिस न पकड़ के दे रही है उन्हें?

'किसे?'

'जगधर की माई को आत्महत्या के लिए उकसाने वाला जगधर।'

'अरे वाह!'

उन्होंने हाथ पर हाथ जोड़े फिर इस विजय अभियान में हँसते हुए टेबुल पर इतने जोर से हाथ मारा कि गिलास, बोतलें और प्लेट उछल गये। वे आह्लाद में इतने जोर से हँसे जा रहे थे कि चारों के चेहरे विकृत हो चले थे।

तभी 'अरे-अरे खून!' चारों की उँगलियाँ चारों की जेब की ओर उठ गयीं। चारों की जेब में नदी का एक-एक टुकड़ा था। वे समझ नहीं पा रहे थे कि खून कहाँ से निकल रहा था—जेब में पड़ी नदी से या उनकी देह से।

2010

नायक-खलनायक

एक-एक कर कई गाड़ियाँ आ गयीं। सुबह के दस बजते-बजते अस्पताल परिसर कारों, मोटर साइकिलों, स्कूटरों और साइकिलों से भर गया। सब के मुँह में कोई न कोई सवाल था—

'अब कैसा है रंजीत?'

'आईसीयू में ही है या जनरल वार्ड में ट्रांसफर कर दिया गया?'

'मिलने की मनाही है?'

'शची भी एडमिटेड है?'

'और बेटी भी...?'

'आखिर हुआ क्या है उसे?'

'बच तो जायेगा न? डॉक्टर्स क्या कहते हैं?'

आईसीयू में मिलने की मनाही थी। सिर्फ खिड़कियों के काँच से ही हम आईसीयू के अन्दर लिटाये गये मरीजों, उनके सेलाइन ड्रिप्स, खून की बोतलें, ऑक्सीजन मास्क और मॉनीटर के उपकरणों की एक धुँधली-सी झलक देख सकते थे। वहाँ से लौटकर कुछ लोग अन्दर के लॉन में इकट्ठे हो रहे थे। कुछ अभी ताक-झाँक करते हुए वहीं मँडरा रहे थे।

हर एक के पास उससे जुड़ा एक टुकड़ा अतीत था, शानदार और लोमहर्षक...और प्रेरक।

वह शुरू से ही डिस्परेट था। डर क्या है उसने जाना ही नहीं। नीतू ने याद दिलाया, 'याद है एस बी कॉलेज की वह घटना, जब सिटी बसें कॉलेज से एक किलोमीटर पहले छत्तरसाल से ही लौट जाती थीं, इधर का इलाका उन दिनों वीरान हुआ करता था। एक किमी दूर से तपती गरमी, कड़ाके की ठण्ड और भरी बरसात में हम लड़के-लड़कियों को पैदल आना पड़ता। हालत खस्ता हो जाती। हमने हर तरह की कोशिशें कीं। बस-मालिक, ड्राइवर, कण्डक्टर, जिला प्रशासन, पुलिस... मगर कोई फल नहीं। रंजीत ने खुद मीटिंग बुलायी। एक साथ सात बसों को

कॉलेज परिसर में हमने उसके नेतृत्व में घेरकर रखा। शाम होते-होते जिला प्रशासन के एडीएम, बस मालिकों के प्रतिनिधि, कण्डक्टर, ड्राइवर सभी हाजिर। माने हम नहीं गये कहीं, वे ही नाक के बल दौड़ते हुए आये। क्या जलवा था उसका। उस दिन से बसों के लिए अनिवार्य हो गया कि वे कॉलेज तक आयेंगी, चाहे एक ही पैसेंजर क्यों न हो।'

'और यह सब उसने तब किया था, जब हमने छात्र-संघ के चुनाव में उसे वोट नहीं दिये थे और वह चुनाव हार गया था।' तैयब ने कुरेदा तो घाव हरे हो गये। उतने दिनों की झेंप आज झाड़कर हम प्रायश्चित कर रहे थे जैसे इस बहाने।

और वो फिल्म वाली! क्या फिल्म थी, याद नहीं। ब्लैकियर्स ने सारे टिकट खरीद लिये थे और तिगुने-चौगुने पर ब्लैक कर रहे थे। हम सारे स्टूडेण्ट्स लाचार...आखिर रंजीत आया। वो मार हुई ब्लैकियर्स और छात्रों के बीच में कि क्या कहें। एक-एक को उसने पीटा, उसकी बॉक्सिंग थी...एक साथ दो-दो, तीन-तीन गिरते, बिल्कुल फिल्मी स्टाइल। इट वाज मिरैकुलस!' मुखर्जी की आँखें स्क्रीन की तरह चमकने लगीं।

'और शची के घर में जब आग लगी। सुनील तो बस खड़ा-खड़ा देख रहा था। उसकी छह महीने की बच्ची आग की लपटों से घिरी थी, शची गिड़गिड़ा रही थी—अरे कोई बचाओ!' और सुनील किंकर्त्तव्यविमूढ़। किसी की समझ में न आया कि क्या किया जाये। तभी भूत की तरह प्रकट हुआ वह। अपने कपड़े पानी में भिंगो कर आग में कूद गया, निकाल लाया बच्ची को सेफली और डाल दिया गोद में शची के...जबकि शची ने उसे रिजेक्ट कर सुनील की ही बाँह पकड़ी थी।' पीटर ने कहा।

'बाद में सुनील ने क्या कहा मालूम—वह आग प्रायोजित थी, और उसकी एक्टिविटी भी ताकि वह अपने नायकत्व को प्रमाणित करते हुए शची की नजर में उठ सके।' जीतू ने कहा। 'तुम्हें तो उसका. कृतज्ञ होना चाहिए' शची ने कहा था, 'उल्टे तुम इलजाम जड़ रहे हो। अरे कुछ तो शर्म करो। जाकर देखो, उसका चेहरा झुलस गया है। आग ने उसके चेहरे पर दस्तखत की है, फिर भी तुम...?' 'शची तो तभी बच्ची को लेकर रंजीत के पास चली गयी होती लेकिन...' अरे शची के धिक्कारने पर सुनील ने क्या कहा था मालूम, 'तुम्हारा वश चले तो मुझे फायर ब्रिगेड का कर्मचारी बना दो।'

खैर, ऊपर वाला सब देखता है, डैम जब टूटा तो सुनील को उसका जवाब मिल गया।

वह प्रलयंकर बारिश थी। डैम लबालब भर गया था। बाँध के फाटक खोले नहीं गये कि कहीं हमारा शहर न बह जाये पूरा का पूरा। रोज-रोज यज्ञ और अनुष्ठान किये जा रहे थे।

किसी की समझ में न आया कि क्या करे। कैसे निपटे इस प्रलय से। शची ने सुनील से कहा, 'आग तो प्रायोजित थी, क्या पानी भी प्रायोजित है? आज तो रंजीत नहीं है न? कुछ करो, मेरी बेटी को बचा लो।' सड़क का पानी बढ़ता जा रहा है।

'मैं क्या करूँ बताओ', सुनील खिसिया गया, 'अपनी जान दे दूँ?'

'मुझे मालूम है, वह तुम कर ही नहीं सकते।'

दोनों झगड़ रहे थे, वह उसे पानी में ठेल रही थी और वह जाने को कतई तैयार न था। सुनील ने अन्त-अन्त तक कहा, 'तुम अगर रंजीत के साथ जाना चाहती हो तो चली जाओ, मैं फायर फाइटर नहीं हूँ।'

'तुम हो क्या?'

और कैसा चमत्कार! अचानक शोर हुआ, 'अब वह आ गया है, शहर बच जायेगा।'

'कौन?'

'अरे वही अपना रंजीत?'

रंजीत ने सबको ललकारकर इकट्ठा किया। रस्से से बस को बाँधा। सड़क काटकर पानी को कोलियरी की ओपेन कास्ट माइंस की ओर मोड़ा। डैम के सातों फाटक खोल दिये गये। बाप रे! वह दृश्य याद करते ही कलेजा मुँह को आ जाता है। हरहराता और खौलता-सा, उछाल खाता धुआँ-धुआँ होता लाखों क्यूसेक पानी। थोड़ी देर और हुई होती तो डैम टूट जाता और हजारों लोग जल समाधि ले लेते।...और हम सही-सलामत बच गये। डैम बच गया। शहर बच गया। बच्चे बच गये। उसके बाद की सारी घटनाएँ चलचित्र की तरह रील-दर-रील उघड़ती गयी हमारे सामने। शची उसी दिन बच्ची के साथ रंजीत के पास चली आयी।

उसने रेस जीत ली थी,

प्रेमिका जीत ली थी।

दुर्गापुर की स्टील कम्पनी के जीएम ने उसे बुलाकर पर्सोनेल डिपार्टमेंट में स्पोर्ट्स ऑफिसर की नौकरी दे दी थी।

उसने बेकारी की जंग भी जीत ली थी। 'यार एक बात समझ में नहीं आयी, शची उससे पहले से प्यार करती थी या उस आग वाली घटना के बाद, उसका वो क्या कहते हैं, हाँ, हृदय परिवर्तन हुआ।' सिंह ने ऐसे पूछा जैसे कोई बहुत बड़े

राज की बात हो।

इस पर हमारे कवि आतिश को जैसे बोलने का मौका मिल गया, 'अब क्या है कि एक होता है रूप, दूसरी होती है अन्तर्वस्तु। फार्म एण्ड कन्टेंट।'

'अमा यार सीधे-सीधे बोलो न' तैयब ने बोरियत जाहिर की, बुरा मान गया आतिश, तुम्हीं बताओ।'

'बाहर से वह मामूली शक्लो-सूरत का इनसान लेकिन भीतरी से एकदम खरा और ठोस। हर लड़की की तरह शची ने पहले बाहर की सूरत देखी। उसके मुकाबले सुनील पहली नजर से कहीं ज्यादा खूबसूरत नौजवान था। कोई भी लड़की छली जाती। छली गयी शची भी, शची ने रंजीत के सच्चे प्रेम को ठुकराकर उसके रकीब सुनील की बाँह पकड़ी।'

'दूसरा कोई होता तो मन ही मन शत्रुता पाल लेता, लेकिन उसने कभी भी कोई ओछी हरकत नहीं की, न विलेन बना, न मजनूंपना दिखाया।' नीतू ने कहा, 'इनफैक्ट ही वाज डिफरेंट फ्रॉम अदर्स!'

'यस ही वाज डिफरेंट!' हमने अन्दर से महसूस किया, 'डिफरेंट न होता तो सावन में जब हम देवघर काँवर लेकर पूजा और मौज-मस्ती के कॉकटेल की चुस्की लेने शिवलिंग की पिण्डी का जलाभिषेक करने जाते, वह ब्लड डोनेशन कैम्प क्यों आयोजित करता।' 'सिर्फ आयोजन ही नहीं, उसने खुद कितनी बार ब्लड दिया, मालूम? जहाँ तक मुझे मालूम है, यह नारा उसी का दिया हुआ था कि हम ब्लड बना नहीं सकते, अतः दान करें, कि रक्त देकर एक नया रक्त सम्बन्ध जोड़ें। उसके दूसरे काम भुला भी दिये जायें तो एक अकेला 'रक्तदान' उसे जिन्दा रखने के लिए पर्याप्त है।' सिंह ने कहा तो दीवारों पर लिखे गये रक्तदान के उसके नारे आँखों के कम्प्यूटर स्क्रीन पर जैसे तैरने लगे।

तब से तीन साल हुए कोई घटना नहीं जुड़ी उसके नायकत्व में, शायद उसे जो पाना था, उसने पा लिया था, और अब उसे आगे कुछ भी करने की जरूरत नहीं थी। उसने कहानी पूरी कर ली थी।

लेकिन अब वह एनसेफेलाइटिस से मर रहा था, और यह सब हमें स्वीकार न था। जिस शान से वह जिया, मरना भी उसी शान से चाहिए था, मगर यह मरदूद मच्छर! एनसेफेलाइटिस! कितनी नीच ट्रेजडी थी यह। 'दुनिया में हजारों, लाखों, बल्कि करोड़ों लोग कीड़े-मकोड़ों की तरह बिलबिलाते हुए जीते हैं और मर जाते हैं। मुझे ऐसी जिन्दगी से नफरत है।' वह अक्सर कहा करता था।

डॉक्टर बाहर निकले। हम सब चौकन्ने हो गये। धीरे-धीरे चलकर उनके पास आये। 'कैसा है रंजीत?' सामूहिक उत्कण्ठा थी हमारी।

'सॉरी, ही इज नो मोर!'

'क्या?' सभी का मुँह एक साथ खुल गया।

'यस!'

'बुरा हुआ!'

रंजीत की चिता की लपटों में शब्द लपलपाए।

'बुरा तो उससे भी ज्यादा हुआ?'

'क्या?'

'उसकी ब्लड रिपोर्ट के मुताबिक मौत की असली वजह एनसेफेलाइटिस नहीं कुछ और थी।'

'क्या?'

'ही वाज एचआईवी पॉजिटिव।'

'एचआईवी पॉजिटिव?' चिता को छोड़कर लोग इस शब्द के इर्द-गिर्द जमा हो रहे हैं।

'शची तो सुरक्षित है?'

डॉक्टर ने अफसोस में सिर हिलाया।

'और वो बच्ची?'

डॉक्टर ने सिर पूर्ववत् हिलाया था।

लेकिन वह बच्ची तो सुनील की थी। रंजीत ने कभी ब्लड-व्लड दिया हो तो...?'

'पता नहीं, कब उसे यह सब...शायद किसी संक्रमित लड़की से लिया हो या किसी और तरीके से?'

'किसी भी तरह से हुआ हो, गलत यह नहीं था कि उसे यह रोग था, गलत यह था कि यह सब जानते-बूझते भी उसने शची और उसकी बच्ची को अपना लिया और शची को बताया तक नहीं।'

'शायद वह डर रहा हो कि कहीं वह शची को खो न दे।' 'इट इज ए लेम एक्सक्यूज! शची ही नहीं, मुझे तो डर है और भी कितनों को संक्रमित किया होगा उसने, फिर उन संक्रमित लोगों ने कितने और को... ।'

'ओह नो!' नकार की एक काली स्याही गिरी और रंजीत की शुभ्र भावमूर्ति काले रंग में डूब गयी।

हम लौट रहे थे। हमारी पीठ के पीछे उसकी चिता अब भी जल रही थी। किसी ने उस अभागे की चिता को बुझाने की जहमत भी न उठायी। हमारे अन्दर भीषण द्वन्द्व था।

अभी कुछ पल पहले तक जो हमारा नायक था, वह पलभर में कलंकित होकर

खलनायक हो चुका था।

वह किस हद तक नायक था
किस हद तक खलनायक?

ताश के एक पत्ते-सा वह फड़फड़ा रहा था लपटों में जिसके एक तरफ बादशाह था, दूसरी तरफ जोकर।

अगर वह एक फल होता, उसके सड़े अंश को निकाल लेते, मगर वह तो इनसान था, रोगी इनसान जिसका रोग संक्रमित हो चुका था।

इस दुनिया से फना होने के पहले उसने अपने जहरीले बीज दूर-दूर फैला दिये थे। जैसे कोई ग्रह घूम जाये और उसके उजले पक्ष की जगह उसका काला पक्ष सामने आ जाये, वह काला पड़ चुका था।

हम उसके काले पक्ष पर थूक सकते हैं, उसे बड़ी आसानी से खलनायक घोषित कर सकते हैं, मगर उसके उजले पक्षों का क्या करें?

वह शची की बेटी, वे अन्याय के प्रतिरोध, वे शौर्य भरे टुकड़े उसका रक्त दान-जीवन दान—वह सब भी तो उससे जुड़े हुए हैं।

उसके नारे अभी भी दीवारों पर चस्पां है :

'हम ब्लड बना नहीं सकते/अतः दान करें।'

'रक्त देकर एक नया रक्त सम्बन्ध जोड़ें।

ये नारे अब हमें भी प्रेरित करेंगे या सिर्फ चिढ़ायेंगे?'

2010

सिंह-अ बनाम सिंघ्र-अ!

हम तीन थे, तीनों छड़े। हमें सिर छुपाने के लिए एक अदद घर की जरूरत थी और दिल्ली में छड़ों को सहज में घर देता नहीं कोई। मिल भी जाये तो किराए हौसला पस्त कर देते हैं। एक महीने का किराया प्रॉपर्टी डीलर या दलाल को, दो महीने की पेशगी मकान मालिक को। हम यह सब देने को तैयार थे फिर भी हमारे नसीब में घर नहीं था।

'रुपया माटी है और माटी रुपया' रार्मकृष्ण परमहंस के इस आप्त वचन को और किसी ने समझा हो या नहीं, इन प्रॉपर्टी डीलरों ने खूब समझा है।

जमीन एक धन्धा है। वह भी अगर सड़क के किनारे, महानगरों या राष्ट्रीय राजधानी क्षेत्र में हो तो क्या कहने! आय का अक्षय स्रोत। कुछ लोग बस इसलिए आबाद थे कि उन्होंने वक्त रहते ऐसी जगहें कब्जिया ली थीं या ऐसी जगहों पर घर बना लिया था। हम ऐसे महलों को देखते और उनके भाग्य पर ईर्ष्या करते। हींग लगे न फिटकरी और रंग चोखा। एक बार घर जोड़ लो और पीढ़ियों तक खाओ। चूक गये तो अपना घर-द्वार ज़मीन-ज़ायदाद तो क्या, पूरा गाँव भी बेचकर दिल्ली में एक घोसला खरीद पाओ तो धन्य मानो। हम बहुत भटके एक अदद भाड़े के कमरे के लिए। बहुत माने बहुऽऽऽत। और इतना भटकने के बाद अन्ततः हमें एक ताऊजी मिले। गहरी कलफदार और कड़कदार मूँछें और खिजाफी जुल्फी। बोले, 'मैं मिलीटरी का रिटायर्ड आदमी हूँ—नियम-कानून और डिसिपिलिन का सोलह आने पाबन्द जी। कायदे से रैणा हो तो तीसरे तल्ले का फ्लैट दे दूँगा।'

हम उछल पड़े, मानो तीन तल्ले नहीं, सीधे स्वर्ग में पहुँच जायेंगे। (लेकिन!) 'लेकिन' की लग्गी से हमारी नकेल पकड़ ली ताऊ ने, 'पाँच हजार का किराया हमें महीणे की पैली तरीख तक मिल जाणा चाहिए।'

'जी!'

अरे सुणो, मैं डिसिपिलिन का सख्त पाबन्द हुआ। आप सब ठैरे पत्तरकार लोग अ-मीट, मछली, दारू, मुर्गा खाते-पीते होंगे। छोकरी लाते होंगे।'

‘जी, वो तो... ।’ अभी हम तय नहीं कर पा रहे थे कि किस के जवाब में क्या बोला जाये कि वे बोल पड़े, ‘हाँ वो सब नी चलेगा जी।’

‘जी।’

‘क्या?’

‘वो सब नी चलेगा।’

‘हाँ, नो दारू, नो मुर्गा, नो मीट, नो मछली एण्ड... ।’

‘नो छोकरी।’ सिंह ने पूरा किया।

‘टैम से आणा होगा और टैम से जाणा।’

‘जी हम टैम से ही आयेंगे और टैम से ही जायेंगे।’

‘एक बार फिर से सुण लो, ह्याँ कोई किसी नार को नीं तो लावेगा, न ही किसी औरत की ओर आँख उठाकर देखेगा।’

‘जी!’

मैं कुरमुराया, यार ये ‘नार’ और ‘औरत’ में क्या फर्क है?

‘चुप बे। हाथ आया घर भी छुड़वाएगा क्या।’ सन्तोष धीमे से गुर्राया। उन्होंने जेब से एक सड़ी-बुझी डायरी निकाली और मुँह से अपनी जीभ। अब उन्होंने जीभ के थूक से डायरी के पन्ने पलटे और पन्नों के बीच सोये पड़े रिफिल को उठाकर पूछा, ‘नाम?’

‘मैं कृत्यांश।’

‘करतांश।’

‘करतांश नहीं कृत्यांश।’

‘कोई फरक नहीं पड़ने वाला जी।...नेक्स्ट?’

‘ये सन्तोष तिवारी।’

‘सन्तोष तिवाड़ी।’

‘जी वो... ।’

‘नेक्स्ट?’

‘मैं सुरेन्दर सिंघ्र?’ सुरेन्दर ने अपना नाम लिखवाया?

‘सुरिन्दर सिंह-अ...?’ कलम रोककर उछल पड़े ताऊजी, ‘अरे तू सुरिन्दर सिंह-अ और मैं बलविन्दर सिंह-अ। तू भी इधर, मैं भी इधर तू भी सिंह-अ।’ मैं भी सिंह-अ।’ उन्होंने भरत मिलाप के लिए बाँहें फैला दीं, मगर सुरेन्दर जाने क्यों अड़ गया, ‘उहूँ’ आपने गलत सुना आप सिंह-अ हैं, जबकि मैं नहीं।’

‘हाँ जी, मैं तो ठैरा खांटी सिंह का बच्चा।’

‘लेकिन मैं नहीं। मुझे न सिर्फ अपने बाप के खांटीपने पर सन्देह है बल्कि

मेरी माँ भी सिंहनी न होकर बाघिनी थी। सिंह का 'सिं' लिया और बाघिनी माने व्याघ्र का 'घ्र' लिया, मैं 'सिंघ्र' हुआ, 'सिंह नहीं।'

'अरे वाह तब तो तुम हमसे भी तेज निकले।' पहले ही पैंतरे में सुरेन्दर ने दिल जीत लिया ताऊजी का।

बहरहाल, सिर से पाँव तक बन्दिशों से बँधे हमने ताऊ के हाथ पर दस हजार रखकर उनके तितल्ले पर आसन जमाया। बाकी फ्लैटों से किरायेदारों के सिर निकले जैसे चिड़ियाखाने में किसी नये आगन्तुक के आने के बाद पुराने जन्तु उचक-उचक कर ताकने लगते हैं कि ये नया जन्तु कौन है?

आवास के बाद अब सवाल आया दाना-पानी का। दाना यानी खाना तो हम बाहर ही खाकर आते लेकिन पानी...?

दूसरे दिन सुबह-सुबह ही पानी प्रॉब्लम।

सुरेन्दर ने ताऊजी से फरियाद जताई, 'ताऊजी पानी नी आ रहा।'

'नी आ रहा?' ताऊजी की मूँछों में जुंबिश हुई।

'नी।'

'ठैरो, पैले मुझे घड़ी देख लेने दो।' उन्होंने मोबाइल को ऑन कर समय देखा, 'जभी तो कहें कि पानी क्यों नी मिला। अब नौ बजे कहाँ से पानी आयेगा? ध्यान से सुन लो। पानी नलके में सिर्फ दो बार आता है, सुबै छह से आठ, शाम के छै से आठ। घोड़े बेचकर सोते रहोगे। अब नौ बजे पानी खोजोगे तो काँ से मिलेगा?'

'हाय, आये ही रात के एक बजे थे।'

'क्या?' उनके पाँव के तले जैसे बिच्छू आ गया।

'हमने पैले ही बता दिया था कि टैम से आओगे और टैम से जाओगे।'

'जी हमारा टैम तो वही है। प्रेस से आते-आते एक बज ही जाते हैं।'

वे घायल सिंह की तरह गुर्राये, 'पैले पता होता तो हम तुम्हें घर देते ही क्यों। कुछ देर ठगे-से खड़े रहे फिर हाथ मलते हुए मायूस स्वर में कहा, 'चलो।'

एक बोतल पानी लाकर उन्होंने हमारे सामने रख दिया, 'लो जी छींटे मार लो, पानी तो अब छै बजे ही आयेगा।'

'लेकिन पानी तो टंकी में भी होगा?'

'वो लीक कर गयी।' उनकी आवाज बुझी हुई थी, 'अब छै बजे तक इन्तजार करने के सिवा चारा ही क्या है।'

'लेकिन छै बजे तो हम दफ्तर में होंगे।'

'तो दफ्तर से ही घर का सारा काम करके आणा जी।' नौ बजे हर हाल में सप्लाई का पानी बन्द हो जायेगा। हमारी तरह वो भी डिसिपिलिन का पाबन्द है जी।'

एक दिन उन्होंने पूछा,

'ऊपर कोई डॉन्स की प्रैक्टिस कर रहा था क्या?'

'नहीं तो', हमने इनकार किया।

'फिर वो धमा-चौकड़ी कैसी?'

'वो आपका सीलिंग फैन नी चल रहा था, सो पेंसिल से ठेलने के लिए ऊपर चढ़ना पड़ा था।'

'वो फैन तो घर से भी पुराना लगता है,

'दूसरा फैन...?'

'लगवा लो न।'

'और के बालकोनी की फेन्सिंग टूटी हुई है।'

'बालकोनी की आपको जरूरत ही क्या है!'

ताऊजी के पास हर चीज का टका-सा जवाब था। आये-दिन कोई न कोई पाबन्दी। उन्हें झेलने के अलावा हमारे पास कोई चारा ही न था।

हमारे अन्दर विद्रोह के बवण्डर उठते और नाचकर विलीन हो जाते। उस घर के अलावा हमारे लिए न कहीं ठाँव था, न ठिकाना। जैसे-तैसे रो-गाकर एडजस्ट होने लगे। धीरे-धीरे ढीठ हुए।

बीच-बीच में छुप-छुपाकर मीट और दारू लाते। सावधानी से खाते-पीते और जाते समय दूर की कूड़ेदानी में डाल आते। ताऊजी बीच वाले फ्लैट में कुर्सी डाले पड़े रहते, न ऊपर, न नीचे। ताकि ऊपर और नीचे वाले दोनों उनकी निगाह की जद में रहें। एक आध दिन फुरसत में होते तो अपना अतीत खोलकर बैठ जाते—उनका सैनिक बंकरों या बैरकों से निकलकर क्रालिंग करता हुआ हमारे सामने आकर निशाने लेता, 'मैं अपने दोस्त-दुश्मन की हर स्टेप को दूर से ही भाँप लेता हूँ...।'

उस दिन उन्होंने जो कहा था, करके दिखा दिया। हम अन्दर से और सिटकिनी बन्द कर मुर्गा-दारू पर जुटे हुए थे कि साँकल बजी। खोलना पड़ा। हम से कुछ भी न छुपाया जा सका।

'हूँ ऽ ऽ ऽ! मैंने कहा था न?'

हमारे हाथ रुक गये। आँखें फटी की फटी रह गयीं।

'गल्त बात। सोलह आने गल्त।'

थोड़ी देर तक वे सीमा के सिपाही की तरह टहलते रहे फिर बैठ गये, 'एक ग्लास इधर भी बढ़ाना।'

'आप भी...?' हम तीनों के मुँह से समवेत स्वर में निकला।

'नी! मुर्गा नहीं, सिर्फ दारू!'

उस दिन से मुर्गा-दारू-मीट-मछली के बन्द दरवाजे खुल गये। महफिल में उन्हें शामिल करना हम न भूलते। एक दिन हमने उन्हें चिकेन भी ऑफर किया। शुरू-शुरू में वे बिदके, 'नी नी, मुर्गा नहीं।'

'मुर्गा नहीं, चिकेन है, फौरन ताकत देने वाली चीज घोड़ा-पछाड़!'

हर बार वे मुफ्त का चिकेन-दारू उड़ाते और डिसिपिलिन पर अपना प्रवचन उँडेलते।

'डिसिपिलिन को नहीं तोड़ना चाहिए चाहे कुछ भी हो जाये। किसी पराई नार की ओर आँख उठाकर भी नहीं देखना चाहिए। मेरी निगाह दुश्मन के हर स्टेप पर रहती है।'

'जी।' मैंने थूक निकाला।

'क्यों मिस्टर सिंघ्र-अ?'

'जी?'

'आप हमारी मँझली बीवी के पास क्या मुआयना करने गये थे?'

'जी वो...मैं...प्लम्बरिंग और बिजली और मैस!

'उसके लिए आपको प्रेशान होने की जरूरत नी। मैं अकेला ही काफी हूँ। फौज में अकेले ही...।'

'वो तो माना सर लेकिन हमारा भी तो कोई फर्ज बनता है सर, हुक्म तो कीजिए।'

उन्होंने हाथ बढ़ाकर हमारे फर्ज को रोक दिया और अस्त-व्यस्त और नाराज से उठ खड़े हुए!

'ताऊजी ये तीन-तीन...?'

वे तनकर खड़े हो गये, 'मर्द आदमी हूँ जी ऊपर से मिलीटरी का मर्द। एक से हमारा काम चलता नी, सो तीन-तीन रख रखी है तो किसी के बाप का क्या जाता है। उसके बाद शुरू हुआ साँप-छछुँदर का खेल। जितना ही ताऊजी अपनी बीवियों को सुरेन्दर से दूर रखने की कोशिश करते, उतना ही वह उनके और करीब होता जाता।' वैसे हमारी महफिलें अब भी जमतीं। सुरेन्दर ताऊजी के लिए बकरे की गोड़ी और नाना प्रकार की मर्दानगी की दवाएँ लाता लेकिन होता ठीक उल्टा। गेहूँ पिसाने, सौदा-सुलुफ लाने से लेकर अस्पताल, बिजली, पानी का बिल पचीसों ऐसे काम होते जिसमें उनकी जरूरत बनी रहती। कुछ काम तो जानबूझकर उनकी औकात बताने के लिए पैदा किये जाते। जैसे उस दिन जब वे गेहूँ पिसवाकर ले आये थे। छोटी बीवी ने सुरेन्दर को बुलाया, 'सुनते हैं सिंह बाबू, इसे बदलवा लाइए तो।'

'क्या हुआ भाग्यवान! अभी तो पिसवाकर लाया हूँ। 'ताऊजी ने कहा।

'आटा बदल गया है। बदबू दे रहा है, जैसे घुनाया गेहूँ दरकर दे दिया हो।'

‘तो उसके लिए उन्हें क्यों बुला रही हो।’

‘नहीं बुलाएँगे। आप ही जाकर बदल लाइए।’ छोटी ने कहा।

हमें ताऊजी पर तरस आया। हमने आटे का झोला उठाया और आटा बदलवाने चल पड़े।

‘अरे-अरे रहने दो, हम कहते हैं कि...।’

ताऊजी ने हमें रोकना चाहा मगर उनकी तीनों बीवियों ने उन्हें रोक दिया, ‘रहने दीजिए न। हमेशा काम ही काम। अरे थोड़ा आराम कर लिया कीजिए न! हम तीनों में से किसी को आद-औलाद दिया होता भगवान ने तो। खैर इन लड़कों से कुछ काम करवा ही लिया तो कौन-सा गुनाह हो गया...?’

गुनाह...? ताऊजी का हिया ही जानता था कि कौन-सा गुनाह होता जा रहा था। अपने साम्राज्य में किसी का भी अनुप्रवेश उन्हें गवारा न था। बीवियाँ हमें बुलाकर लातीं और वे कैफियत माँग बैठते, ‘क्यों आये? जाओ, मैं कर लूँगा।’

वे ऐसे बुलडॉग में तब्दील होते जा रहे थे जो कड़ाह के करीब लपकते तीन पिल्लों को खदेड़ रहा था। मगर बुलडॉग बूढ़ा था। इस खेल में वह जल्द ही थक गया और सीधे अस्पताल।

अस्पताल में हम बराबर उनकी तीमारदारी में लगे रहे, उनकी तीनों बीवियाँ भी। और एक दिन कमबख्त सुरेन्दर ताऊजी की दो कमसिन बीवियों के साथ भाग गया। कहाँ—कुछ पता नहीं। अब बचे हम दोनों और उनकी प्रौढ़ा बीवी। उनके बेड के पास जाने से भी डर लगता था। क्या कहते उनसे! डरते-डरते आगे बढ़े। आहट पाकर उन्होंने आँखें खोलीं। बोले नहीं कुछ। उनकी दोनों आँखों से अपनी दोनों बीवियों के लिए एक-एक बूँद आँसू ढरके। थोड़ी देर बाद खँखार कर थूक दिया, बोले, ‘मुझे रिलीज़ करा दो। घर चलते हैं।’

चलने लगे तो वार्ड इंचार्ज को बुलाया, वही मिलीटराना अन्दाज, ‘ये बेड खाली रखना।’

‘क्यों आप तो डिस्चार्ज हो चुके।’

‘हाँ जी। मैं तो हो चुका लेकिन वो जो आने वाला है? मैं तो मिलीटरी का रिटायर्ड आदमी था। झेल गया। लेकिन वो नहीं झेल पायेगा। समझ रहा है स्वर्ग चुराकर भाग रहा हूँ, उसे क्या पता है कि वह क्या शै है। आज से मैं आजाद हुआ और वो हुआ कैद।

‘कौन?’

‘अरे वही जो मेरी दो बीवियों को लेकर भागा है। सिंग्र-अ-अ-अ!’

2010

झूठी है तेतरी दादी

आयी तो थी मैं दुर्गा बौ के बहाने 'डोमकच' की शूटिंग करने पर दुर्गा बौ और उसका डोमकच हो गया गौण, असल हो गयी 'तेतरी-बहेतरी'। तेतरी-बहेतरी! नाम जरा चौंकाने वाला है, पर तेतरी के साथ जो गुजरी है वह उससे कम चौंकाने वाला नहीं था। एक ऐसा दंश दे गयी तेतरी की कहानी जिसकी टीस आज भी उठती है तो चिहुँककर बैठ जाती हूँ फिर रात-रात भर नींद नहीं आती। पता नहीं, कहाँ होगी तेतरी, झुर्रियों और लकीरों से डंसा हुआ वह चेहरा, जिन्दा भी होगा या नहीं?

सबसे पहले मैंने उसे बारात के विदा होते समय देखा था। दुर्गा बौ ही उसे लेकर आयी थी और वही उसे रोक भी रही थी कि वह बारात की विदाई के समय सामने न पड़े, 'ओनिया न एनिया, उधर नहीं इधर ही रहो तेतरी दादी।'

'क्या बात है क्यों रोक रही हो उसे?' मैंने पूछा था।

'अरे वो कुछ नहीं।'

'कुछ तो है।' वह कुछ छुपा रही थी।

मुझे तसल्ली नहीं मिल रही थी। वह तो अच्छा हुआ, बड़की अम्मा आ गयीं, का बात है दुर्गा बौ, काहे रोक रही हो बुढ़िया को?'

'अपसगुनी है न अम्मा, शुभ कारज है, कहीं कुछ गड़बड़ न हो जाये।'

'तो ले क्यों आयी यहाँ?

'किसके भरोसे छोड़ती?'

रहस्य ही रहस्य!

वह कोई सत्तर-पचहत्तर साल की बुढ़िया थी। विधवा। नाम तेतरी! उसके साथ जोड़ा बैठाने के लिए एक तकिया जोड़ दिया गया था 'बहेतरी।' कुल जमा 'तेतरी-बहेतरी'।

'अपसगुन तेतरी होने के नाते है या विधवा होने के नाते?'

अम्मा की आँखें अभी भी तेतरी पर टिकी हुई थीं।

'सब पता चल जायेगा बड़की अम्मा डोमकच में। सबर कीजिए।'

बारात विदा हो रही थी और 'डोमकच-जलुवा' के स्वाँग तो रात में होने थे। क्या देखती मैं जीयतपुर जैसे खूटस गाँव में। गाँव के बारे में क्या-क्या रोमांटिक कल्पनाएँ हुआ करती थीं हमारी। बाग होंगे, बगीचे होंगे, बँसवारी होगी, नदी होगी, नहर होगी, मोर होंगे, लैण्डस्केप होंगे। पर यहाँ...। न बाग, न बँसवारी, न नदी, न नहर, न मोर। छितराये पेड़, कुछ बबूल और बेहया के झाड़, कुछ कच्चे कुछ पक्के मकान। जातियों के हिसाब से बँटे टोले। खम्भे थे पर उन में तार नहीं थे। सड़क गड़हे में पड़ी कराह रही थी। पोखर के नाम पर एक डबरा चारों तरफ से बेहया के झाड़ों के बीच घुटने भर पानी जिसमें सूअर लोट रहे थे। शौचालय किसी के घर नहीं था, अलबत्ता डिस्क एंटीना कई घरों पर। जनरेटर से चलता है सब कुछ। 'पुक-पुक' करती ट्यूबवेल और आटा-चक्की की धुन। एक अजीब-सी उदासी तारी थी कच्चे-पक्के घरौंदों पर। इन्हीं घरौंदों में कहीं रहती होंगी तेतरी-बहेतरी और दुर्गा बौ।

दूल्हे की कार विदा हो गयी, एक-एक कर बाकी कारें भी...। मगर बारातियों को ले जाने वाली बस अभी भी खड़ी है। घर के मालिक जोखन सिंह ने पूछा—'कहाँ गये ड्राइवर साहब और खलासी।'

'पूजा करने।' एक बाराती ने कुढ़कर कहा। जल-भुन गये जोखन सिंह। जोखन सिंह के साथ-साथ आगे बढ़कर देखती हूँ तो एक झाड़ की आड़ में कोई निबटने बैठा है और दूर पर दूसरे झाड़ की आड़ में दूसरा।

ये रहे। एक ही झलक में मैंने देखा, दोनों के एक कान पर जनेऊ एक कान पर मोबाइल। सामने एक डब्बा। कोई महत्त्वपूर्ण विमर्श चल रहा है उन दोनों के बीच में। कितने इत्मीनान में थे वे। चीखते हैं जोखन सिंह 'ऐ भाई, बाकी डिसकशन, जे बा से, पार्लियामेंट में कर लीजिएगा। जल्दी फरमाइए और गाड़ी स्टार्ट कीजिए।'

मेरे कैमरे के लेंस ने इस दिलचस्प दृश्य को कैद किया। तो यह था जीयतपुर। जहाँ एक आई.ए.एस. की बारात में मैं आयी थी डोमकच शूट करने, जहाँ शौचालय की सुविधा एक घर में भी न थी लेकिन मोबाइल हर घर में था। अचानक मुझे जैसे कीड़े ने काटा। इसी बेहूदे दृश्य को शूट करने आयी हूँ। मेरे पाँव धीरे-धीरे पोखर के बगल से वीरान स्कूल की ओर बढ़ते हैं। हालांकि मुझे मालूम है कि आज वहाँ कमला देवी नहीं हैं, जिन्होंने 'थेरीगाथा' के गीतों का भोजपुरी में अनुवाद किया था और जो इस पिछड़े गाँव की बदहाल औरतों में जान फूँकने के अपराध में कलंकित करके स्कूल से निकाल दी गयी थीं—दुर्गा बौ की गुरु! मैं हर बिन्दु से संश्लेषित करना चाहती हूँ डोमकच को।

बारात के विदा हो जाने पर विवाह-घर में मर्द प्रायः नहीं होते। पुरुषों के प्रत्यक्ष दबाव के हट जाने से एक अलग ही उन्मुक्ता का आलम होता है। ऐसे में औरतों का रतजगा होता है डोमकच-जलुआ! सदियों-सहस्राब्दियों का दमित नारी-मन आवरण के हटते ही पाताल तोड़ कुएँ की तरह बलबलाकर फूट निकलता है—गाज, फेन और फूत्कार के साथ विकार बहता, बिलबिलाता हुआ हर तरफ, हर ओर। और वह था भी, रात को डोमकच के मंच पर।

मंच क्या था, औरतों से घिरी आँगन की एक खुली जगह। बगल का कमरा 'रेवटी' का था जहाँ जरूरत पड़ने पर पोशाकें बदली जा सकती थीं। बंगाल की 'यात्रा' जैसे उपक्रम! देवी पूजन और डोमकच के गीतों और 'मधुमती', 'चाँदनी' के फिल्मी गीतों से होता हुआ बहुत कायदे से कमला देवी के थैरीगाथा के अनुवाद तक जा पहुँचा 'डोमकच'। दुर्गा बौ के गायन और अदा पर मैं मुग्ध होती चली गयी—जान बाचल ए दादा!

पहली पंक्ति के गायन के साथ शेष औरतें गीत पुराने लगी थीं :

'निमने जान बाचल,
परान बाचल ए दादा।
ओखल से बाचल,
मूसर से बाचल
वही टेढ़का मरदवा से जान बाचल,
जान बाचल ए दादा'

दुर्गा बौ का भदेस डोमकच नारी मुक्ति तक पेंगे ले रहा था। पता नहीं, किसने लिखे होंगे ये गीत। प्राकृत या अपभ्रंश में। सदियों की जमी हुई पीर। एक नारी कण्ठ से दूसरे नारी कण्ठ तक बिछलती हुई कमला देवी तक आकर टप्पा खाकर भोजपुरी में ढल गयी होगी और वहाँ से लपक लिया होगा दुर्गा बौ ने। यह सब तो माहौल बनाने का निमित्त मात्र था। असली स्वाँग तो अभी बाकी था। इसे भी पारम्परिक डोमकच के अश्लील स्वाँगों से हटकर एक अलग ही रूप दिया था दुर्गा बहू ने।

एक औरत 'विदेशी' बनी है और दुर्गा बौ बनी है विदेशी की पत्नी प्यारी सुन्दरी। पति परदेश जाता है। दिन, महीने, बरस बीतते जाते हैं प्रतीक्षा करते हुए। वह नहीं आता तो नहीं आता। आये कैसे, वह तो वहाँ जा फँसा है रखैलिन के चक्कर में। और इधर गाँव पर उसकी बाट जोहती पत्नी जा फँसती है गाँव के मनचले के फन्दे में। भिखारी ठाकुर के दो-दो नाटक 'बहरा-बहार' उर्फ 'बिदेसिया'

तथा 'गबरधिचोर' एक साथ, जैसे किसी पेड़ का तना सहसा ऊपर चलकर दो शाखों में बँट जाये—एक बिदेसिया, एक गबरधिचोर। वह छोटा-सा मंच दो भागों में बँट गया है। कहाँ हो भिखारी ठाकुर, कभी सोचा भी होगा तुमने कि तुम्हारे दो-दो नाटकों की प्रस्तुति एक ही मंच पर एक ही साथ की जा रही होगी और करने वाले पुरुष नहीं होंगे। वे ही मुँहदूबर औरतें जिनकी व्यथा और विरह की तड़प को तुमने अपने तमाशे में उतारा था। दोनों तमाशे मेरे देखे हुए थे मगर इस रूप में देखना एक नया अनुभव था। मेरे कृतज्ञ मन ने कहा 'जाओ जीयतपुर, हमने माफ किया तुम्हारे पिछड़ेपन को।'

इतनी अद्‌भुत युक्ति दुर्गा बौ जैसी उपेक्षित गँवई औरत के दिमाग में आयी कैसे, मैं यही सोच रही थी तब तक मंच के दोनों भाग मिलकर एक हो गये। अब दुर्गा बौ मंच पर ला रही थी हाथ पकड़कर पचहत्तर साल की बुढ़िया 'तेतरी-बहेतरी' को। सबको सुनाते हुए उसको कहा, 'ऐ दादी हिंया लोग कह रहे हैं कि तुम्हारा हाथ काट लेंगे।' तेतरी ने काँपती हुई आवाज में कहा—'ना बुची, काटे के होखे त हमार मुड़िया काट लअ, बाकी हथवा मत काटिहा।' दुर्गा बौ ने कहा—'बरात विदा होखे बखत अम्मा ने हमसे पूछा कि इसे बरात के सामने पड़ने से क्यों रोक रही हो। तो हमने कहा था, 'सब पता चल जायेगा डोमकच में, सबर करिए। तो लीजिए, देखिए, सुनिए और गुनिए।' मैं और शची अपने-अपने कैमरे के साथ चौकन्नी हो गयीं। औरतों में कानाफूसी होने लगी। एक औरत ने पूछा, ई के ह-अ भाई?'

दुर्गा बौ ने जवाब दिया—एक अभागिन जिसे न हम जानते हैं न आप...और जो कुछ है, इसके हाथ पर लिखा हुआ है। जिसे वो बचाकर रखती है। डरती है कि कोई हाथ न काट ले। सो विनती करती है चाहे तो मूड़ी काट लें पर हाथ न काटें। दुर्गा बौ उस बुढ़िया के बायें हाथ को धीरे-धीरे फैला रही थी। अब उसके तनिक जोर से भरी महफिल को सम्बोधित किया—

'पढ़ल-लिखल लड़की लोग सामने आवें और हाथ का गोदना पढ़कर बतावें।'

बाँह के चुचके चाम को फैला-फैलाकर आखर-आखर जोड़कर पढ़ रही हैं लड़कियाँ साठ वर्ष पहले लिखी इबारत को...। जैसे वे सिकुड़े चाम न हों मुड़े-तुड़े पन्ने हों जिन्दगी की किताब के जिन्हें सीधा कर-करके पढ़ा जा रहा हो—कुछ टेढ़े, कुछ कटे-फटे, कुछ साबुत, कुछ अस्पष्ट से अक्षर...। अतीत में दफन गलित लिपि का उद्धार! जैसे पूरी जिन्दगी एक भटकी हुई लम्बी चिट्ठी हो जिसे भेजने वाले का नाम पता न हो, पाने वाले का नाम तेतरी, जसराज पाण्डे की पत्नी, गाँव-पोस्ट : खानपुर, जिला आरा।

घर से निकाली गयी सत्तर-पचहत्तर साल की एक काँपती हुई बूढ़ी आवाज बयान कर रही थी अपनी आपबीती...

'तेरह-चौदह बरिस के रहलीं, बेमार रहत रहलीं कि बियाह हो गइल। घूँघट दिया के डोली में बइठाइ के रातों-रात टेसन पहुँचा दिहल गइल। हुआँ बदला गइलीं...'

औरतें हँसते-हँसते एक-दूसरे पर लोट-पोट होने लगीं, 'अरे बाप! बदला गयी, माने कि...कैसे बदला गयी?' दुर्गा बौ ने चेताया, 'तनी जोर से बोलिए, ऊँचा सुनती हैं।' बड़की अम्मा ने आवाज को चांड़ करते हुए पूछा, 'क्या नाम था तुमरे मरद का?'

दूसरी औरत ने पूछा, 'गाँव?'

तीसरी ने पूछा, 'जाति?'

जिरह पर जिरह जैसे वह कोई अभियुक्त हो। हर जिरह पर वह अबूझभाव से ताकने लगती–कातर दृष्टि।

बड़की अम्मा ने पूछा, 'तुम्हें कुछ भी नहीं मालूम?'

इनकार में मूड़ी हिली तेतरी की।

एक औरत ने टहोका मारा, 'ए भाई! एकदम्मे बकलोल है न का!'

अम्मा ने उसे चुप कराते हुए तेतरी से दोबारा पूछा, 'तुम्हारे नैहर के नाम का तो पता होगा?'

'सुकुलपुर।' तेतरी ने बताया।

'बराहमन!' औरतों में कानाफूसी मच गयी।

एक दूसरा सवाल, 'कौना टेसन पे बदला गइल रहलू?'

'आरा।'

धीरे-धीरे तेतरी की बातों में खुलता है साठ साल पहले आरा रेलवे स्टेशन का वह मनहूस दृश्य...बज्जर की भीड़। आदमी ही आदमी! दुल्हनें ही दुल्हनें, नयी-नवेली दुल्हनों को लेकर अकबकाहट में लोग इधर-उधर भाग रहे थे। इस बीच आ पहुँची थी तेतरी की डोली–जल्दी करो जल्दी। उसे खींचकर निकाला गया डोली से और घसीटते हुए ले जाया जाने लगा। वह उत्तेजना में खौलता हुआ आलम था। ट्रेन ने सीटी दी और चल पड़ी। चीख-पुकार और अफरा-तफरी में बाबूजी और भैया ने उठाकर फेंक दिया तेतरी को गठरी की तरह एक डब्बे में। चली गयी ट्रेन, उन दिनों ट्रेन की खिड़कियों में आजकल की तरह लोहे की सरिया नहीं होती थी।

तेतरी ने आगे बताया कि उसे कुछ नहीं मालूम कि वह किन लोगों के बीच में है कि वह कहाँ ले जायी जा रही है। एक अजाना-सा डर–कहीं ये लोग

चोर-डाकू न हों और वह होश खोती चली गयी। होश आया तो उसने पाया कि कुछ औरतें उसे पकड़े हुए हैं, कोई मरद दूल्हा जैसा बगल में है और उसकी परछन हो रही है। एक-एक कर चार दिन बीत गये। पगफेरा के लिए किसी को तो आना चाहिए था लेकिन कोई न आया, न भैया न बाबूजी, जो आये वे दूसरे ही थे। तेतरी को उनके पास भेजा गया।

'ई के है?' पूछा एक चन्दन टीकाधारी ने।

'अपनी बेटी को नहीं पहचानते तिवारी जी!' भन्ना गये तिवारी जी लोग, 'का मजाक करते हैं? ई हमार बेटी है?'

पाण्डे जी के बाबूजी ने पूछा, 'तो ई है कौन?'

तिवारी जी ने कहा—'हम का जाने ई कौन है। हमारी बेटी नहीं है। ले आइए हमरी बेटी को।'

पाण्डे जी परेशान, 'अरे भईये रेलिया पर आप इसी को चढ़ाये थे न?'

तिवारी जी लोगों के पाँव के नीचे जैसे बिच्छू आ गया। लगे चिचियाने, 'अरे बाप, बेटी तो बदला गयी!'

तिवारी जी लोग रोते-पीटते अपनी बेटी को खोजने चले गये और तेतरी से धमकाकर पूछा जाने लगा कि वो कौन है। वह क्या बताती कि वह कौन है? उसे सिर्फ अपने गाँव का नाम याद था सुकुलपुर। लेकिन वह सुकुलपुर दुनिया के किस कोने में है यह उसे पता न था। बहुत खोजाहट हुई। लेकिन उस 'सुकुलपुर' का पता न चला। इस बीच तेतरी का गोड़ भारी हो गया। बहुत कुछ सोच-विचार कर यह मान लिया गया कि सुकुलपुर की है तो ब्राह्मण ही होगी और इसे स्वीकार करने के अलावा कोई दूसरा चारा नहीं है। और पाण्डे जी ने गोदना गोदने वाली औरत को बुलाकर हाथ में नाम-पता गोदवा दिया कि अब जब तक यह हाथ उसके पास रहेगा वह भुलायेगी नहीं।

एक औरत ने पूछा—'कहाँ गये पाण्डे जी?'

'मू गइलें' मुअला के दस बरिस भइल!

अम्मा ने पूछा—'बेटा-बेटी?'

'दू गो बेटा, दू गो बेटी। बेटिन का बियाह को गइल। आपन-आपन घर चल गइलीं।'

'और बेटा लोग?'

'अमदाबाद की कहाँ तो रहेला लोग, बहुत दिन से ना आइल लोग?'

'नाती-पोता?'

'बाड़न, कौनो बड़ा सहर में। एक जना पढ़ ताड़न।'

औरतों में कानाफूसी मच गयी। एक ने पूछा—इतना भरा-पूरा परिवार होते हुए भी तुम्हें निकाल दिया गया?

'बच्चों ने भी तुम्हें नहीं रोका?' शची ने पूछा।

तेतरी ने कहा—'न, नाती-पोता लोग तो बाबा जी है न। बोले तुम अपने घर जाओ दादी, हम वहीं तुमसे मिलते रहेंगे। हमर छोट जात से उनकर नककटी होखेली।'

शची ने कहा—'स्ट्रेंज, लड़के और नाती-पोता ब्राह्मण और तेतरी की जात नीच के नीच।'

अम्मा ने पूछा—'तुम्हारा नाम तेतरी है और तुम नान्ह जाति की हो यह उन्हें किसने बताया।' वही हमर असलिका नैहर सुकुलपुर से हमारा पेता महेन्दर के बियाह के लिए देखुआर आये तो बताये कि सुकुलपुर में ए गो लड़की आज से साठ साल पहिले बदला गइल रहल। कहाँ गयी पता नहीं। उसका नाम तेतरी था। हमरा के पेश कइल गइल सबके सामने। पता लगते-लगते लागल। बात खुलते-खुलते खुलल।

हमरा के लागल सब मिल के धमकावे, 'समसे खानदान गन्दा कर दिया।' सब केहू थूके लागल-छी...छी...थू...थू...!

शची ने पूछा—'तो दादी आप अड़ जातीं कि नहीं जायेंगे।'

'हम बोले थे।' तेतरी ने कहा।

बँहिया दिखा के हम उनसे पूछे, 'देखा, एकरा में का लिखवा के गइल बाड़न पाड़े जी।' तब एक जना देवर बोले, कि बँहिए काट लो, मिटा दो निशानी। न रहेगा बाँस न बजेगी बाँसुरी।' हम बोले, 'ए भाई लोग, भले हमर मुड़िया काट लो बाकी बँहिया मत काटना। इहै तो हमरी आखरी निशानी है।' हम बहुत रोये, बहुत गिड़गिड़ाये कि हमरा के एहिजे रहने दो। अब कै दिन की जिन्दगानी है। ऊ बोले, ना! एकदम अभी जाना होगा, अभी। जीप आइल, हमरा आँख पर पट्टी बन्हाइल। पट्टी बाँध के गाँव के नजदीक ले जाके छोड़ आये। पट्टी खुली तो एक बार फिर हम दूसरी दुनिया में थे। आगे वह बोल रही थी और हम उसे होता हुआ देख रहे थे अपनी आँखों के सामने—भरी दोपहरी अन्हियारा। जीप लौट गयी थी। जाते-जाते वे कह गये थे, 'जाओ दादी, जाओ भौजी, वो रहा सामने तुम्हारा नैहर सुकुलपुर।'

आगे कोहरा था, पीछे धूल का गुबार। बहुत याद करने पर भी ठीक-ठीक कुछ याद नहीं आ रहा था। सामने बाग था और उसके बगल में कूइयों (कमलिनी) से भरा पोखर जिसमें नागपंचमी को बैर के डण्डे से पीट-पीट कर लत्ते की गुड़िया

सिरायी जाती थी। जाने कहाँ की और कब की परम्परा सुकुलपुर की! तेतरी भी एक सिरायी हुई गुड़िया ही थी, सिराने के बाद भी सिरायी नहीं। माारने के बाद भी मरी नहीं पूरी तरह। पानी में डूबी लाश-सी उतरा आयी थी। गिरती-पड़ती चली जा रही थी यह लाश पगडण्डी पर।

नीम के चबूतरे पर जा बैठी थी वह और उसे देखने पूरा सुकुलपुर उमड़ा आ रहा था। पर जिस सुकुलपुर को वह जानती और पहचानती थी, वह सुकुलपुर नहीं था यह। न घर, न घाट, न रास्ते, न खेत, न बाग-बगीचे, न ही लोग-बाग। न वह किसी को चीन्ह पा रही थी, न कोई उसे चीन्ह पा रहा था, नैहर बँट-बिखर कर बारह चूल्हों में बदल गया था। वह तो भला हो बड़के सुकुल की बड़की पतोहू, डुमरांव वाली दुलहिन का जिसने चीन्ह लिया, 'सुना, हमार तेतरी आइल बिया। कहाँ है...?'

दो वृद्धाएँ हाथ का ओट बना-बना कर साठ साल की सुरंगों के पार से झाँक रही थीं एक-दूसरे को। सुकुलाइन ने कहा, 'याद आवता कुछ? हमरा के चोरा-चोरा के आम, अमरूद, कटहल, जामुन लाकर के देते रहलू। एही खातिर तोहार बाबूजी तोहरा के मारते रहलन...'

हाथ की उँगली से भौंहों को टटोलती है दुलहिन, दाग पाकर खुश हो जाती है। तू ही तेतरी बाड़ तीन भाई पर पैदा भइल रहलू से नाम पड़ल तेतरी दोनों वृद्धाएँ एक-दूसरे से लिपट गयी थीं। सुकुलाइन ने मजमा लगाये हुए औरतों को डाँटा, 'अरे ऐ चौधरी लोग, एक लोटा पनियों के महँग हो गइल तेतरी। साठ साल बाद आइल बिया। बियाह में बदला गइल रहल।'

एक प्रौढ़ा तस्तरी में गुड़ और पानी रखकर गुस्से में बोलती है–'के राखी इनका के जात से कुजात भइलीं। नाक कटा के आइल बानीं।' एहे तरह से हम न इधिर के भइली न उधिर के। हम दया और मजाक के चीज बन के रह गइलीं। कुकुर-बिलार की तरह ऊपर से खाना दिया। जैसे-तैसे खाकर जनावर की तरह पड़े रहे। इ तो भला हो दुर्गा बौ के कि हमरा के ले अइलीं कि दादी चलअ हमरा पास रहा।

औरतों में तेतरी को लेकर बहस छिड़ गयी थी–'ई है औरत की जिनगानी जहाँ जात बड़ा है आदमी से। जहाँ आँख पर पट्टी बाँधकर लाया गया था, काम पूरा होने पर पट्टी बाँधकर छोड़ दिया गया। न नैहर के, न सासुर के। औरत इहाँ आदमी ना है, एक बटुवा है सिरिफ एक बटुआ। गबरधिचोर के बटुआ।'

पैसा रख के पैसा निकालकर बटुए को लौटा दिया। यही तर्क था न 'गरबधिचोर' नाटक में। औरत के पेट से बच्चा निकालकर फेंक दिया औरत को

बटुए की तरह।

सत्तर-पचहत्तर साल की बुढ़िया तेतरी खड़ी थी औरतों की भरी महफिल में। गोदने गुदे हाथ साइनबोर्ड की तरह फैले हुए थे।

लकीरों में देखो तो सब कुछ लिखा है

कोई इनको पढ़ने की जहमत उठाये...

ऊपर-ऊपर से तेतरी की कहानी पूरी हो गयी थी मगर अन्दर ही अन्दर कहानी में इतनी परतें थीं कि वे अपने आप खुलती रहती हैं। अन्तिम परत खुली अन्त में।

दुर्गा बौ ने विदा होते समय मुझसे पूछा था, 'क्यों सम्भावना मेमसाब, आप क्या समझती हैं, एक तेरह-चौदह बरिस की बेटी को अपनी जाति का पता नहीं होगा, वह भी तब जब बराहमनों के गाँव में उस नान्ह जाति का उसका अकेला घर हो?'

'तुम कहना क्या चाहती हो?'

'यही कि झूठी हैं तेतरी दादी।'

'अरे!'

'हाँ! उसे सब मालूम था, लेकिन वह छुपा गयी, इस डर के मारे कि कहीं निकाल न दी जाये। इसी डर के मारे बेटियों की आवाजाही कम है। बहाने बना-बना कर रोकती रही उन्हें तमाम जिन्दगी डर-डर कर, खुद को छुपा-छुपा कर जीती रही। यह डर बिना कारण के नहीं था, आखिर साठ साल बाद डर उसे खा ही गया। लोग कहते हैं, असल बकलोल है बुढ़िया। पागल होकर मर नहीं गयी, यही क्या कम है?'

फूटे काँच का चश्मा

फिल्म देखते ही सेठ ने मुँह बिचका लिया, 'ऊँहूँ। समझ लो पीसा गया पानी में।'

बड़े भाई दुर्गेश जी की आवाज इतनी सर्द थी कि सर्वेश जी का दिल बैठ गया।

अस्सी साल के घड़ियाल वाले चुंचके चामों, बुझती निस्तेज आँखों और मरी-मरी सी आवाज वाले प्रियंक जी के चेहरे में कोई आकर्षण बचा भी कहाँ था! जादू जो था, वह उनकी कलम में था और वह किताबों में बन्द था, सिर्फ किताबों में...और अब वैसी किताबें पढ़ता कौन है इस जमाने में! दुर्गेश जी अकसर डंक मारते रहते हैं : 'वह तो कहो कुछ साहित्यकार बाद में अफसर हो गये और उनकी साहित्यिक जुगाली के लिए साहित्य अभी भी एकमात्र अवलम्ब है, वरना तो साहित्य न सेठों को चाहिए, न श्रीमन्तों को, न किसानों को चाहिए न मजदूरों को; न प्राइमरी स्कूल से युनिवर्सिटी स्तर तक मास्टर पढ़ते हैं, न छात्र; पढ़ते भी हैं तो जैसे बेगारी या एहसान कर रहे हों। फिर पढ़ें क्यों, साहित्य देता क्या है! नौकरी देता है? रोजी देता है? ले-दे कर बचे कुछ पद, पीठ, पुरस्कार, अनुदान-फेलोशिप जो केन्द्रीय, प्रान्तीय या स्थानीय अकादमियाँ या संस्थान, जहाँ एक अनार और सौ बीमार हैं। और वहाँ भी बेईमानियाँ! सयाने झटक लेते हैं, प्रियंक जी जैसे टापते रह जाते हैं। कारण यूँ तो बहुतेरे हैं, मगर सबसे बड़ा कारण है उनका व्यवस्था विरोध। उन्हीं का खाओगे, उन्हीं को गाली दोगे और उन्हीं से इनाम-इकराम की अपेक्षा करोगे--यह कैसे सम्भव है! जो कहो, साहित्य से कोई क्रान्ति हुई, तो एकदम गलत बात। साहित्य से कोई क्रान्ति-वान्ति नहीं होती। अलबत्ते साहित्य दिमाग जरूर खराब कर देता है जैसे तेरा...। खांटी बिजनेस मैन का बेटा था, लद्दू घोड़ी पर पोटलियाँ लाद कर खुद लदकर जगह-जगह तीन-तीन, पाँच-पाँच कोस पर दुकान लगाते थे बाबूजी। सोचो, वो दिन कैसे रहे होंगे, पाँच कोस जाना, पाँच कोस आना, वहाँ जाकर बुहारकर टाट फैलाकर दुकान फैलाना, खिचड़ी, सत्तू, आम, आलू पर दिन काटना, लोटा-डोरी से पानी।...उन्हीं के ब्रेटे हम, उन्हीं के बेटे तुम। मैंने बाप की डगर पकड़ी आज करोड़पति हूँ। तूने साहित्य की डगर पकड़ी घर की भी पूँजी गँवाकर आज फकीर है। कोढ़ में खाज ये कि मुझसे पाँच लाख लेकर ये कहकर कि नया बिजनेस शुरू

करने जा रहा हूँ फिलिम भी बना डाली, वो भी उस निखट्टू पर।

'ओह भैया, आप समझते क्यों नहीं, प्रियंक जी आम आदमी नहीं हैं।' सर्वेश जी ने भाई का प्रतिवाद किया।

'मुझे 'आम-घास' कुछ नहीं समझना। मुझे मेरे पाँच लाख का डूबा पीसा वापस चाहिए। बस्स!'

सर्वेश जी के पास पैसे होते तो अभी पाँच लाख भाई के मुँह पर मारकर कहते, 'लो' लेकिन पैसे थे कहाँ? बड़े भाई दुर्गेश जितने ही व्यावहारिक और दूरदर्शी थे छोटे भाई दुर्गेश उतने ही अव्यावहारिक और अदूरदर्शी। मन लागा मोर फकीरी में...! लो करो फकीरी। साहित्य प्रेम ने उन्हें बिगाड़कर रख दिया था। उन्हें इसका मलाल तो था लेकिन जिन्दगी अपने ढंग से जी लेने का सन्तोष भी कम नहीं था। आज भी कविता या गीत की कोई पंक्ति, संगीत का कोई लय, कहानी, उपन्यास के कुछ चमकते भाव या अंश रेडियम की तरह जलते रहते हैं उनकी स्याह रातों में...।

खैर, जो हुआ, वह हुआ, अब सवाल था भाई के पाँच लाख लौटाने का। कैसे लौटाते? प्रियंक जी पर जो फिल्म उन्होंने सांस्कृतिक ऋण चुकाने के तहत अति उत्साह में बना डाली थी, उसे कोई पूछने वाला तक न था, अकादमियाँ और दूसरे संस्थान करोड़ों में खेलते हैं मगर न आज तक सर्वेश जी जैसे निष्ठावान साहित्यकार को सम्मान दिया और न उनके ऊपर बनवायी उनकी फिल्म को ही कोई महत्त्व दिया।

'तुझसे कुछ नहीं होगा, अब अपने पीसे वापस पाने के लिए मुझे ही कुछ करना होगा।' दुर्गेश जी ने फिल्म की सीडी को घुरनी की तरह नचाते हुए कहा।

डायरेक्टर सईद ने सारी बात सुन कर कहा, 'पाँच लाख वापस पाने के लिए पाँच करोड़ खर्च करना होगा सेठ जी।'

'पाँच करोड़? भेजा तो नहीं खराब हो गया तुम्हारा, मैं पीसा वापस लाने की बात कर रहा हूँ, डुबाने की नहीं।'

'यही पाँच करोड़ खुद भी आएँगे, डूबे हुए को भी वापस लाएँगे और इंशा अल्लाह किस्मत ने साथ दिया तो पाँच करोड़ का मुनाफा भी...।'

'कहते क्या हो?' प्रसन्नता का एक फुरेरा उठा और दुर्गेश जी नहा गये उसमें।

'वह एक फीचर फिल्म होगी, डाक्युमेंटरी नहीं।'

'यानी प्रियंक पर बनी ये डाक्युमेंटरी गयी...'

'नहीं बेकार नहीं जाने देंगे, इससे जरूरी चीजें हम निकालकर इस्तेमाल कर लेंगे। आपकी डाक्युमेंटरी जस की तस बनी रहेगी।'

'फिर पाँच करोड़ लगेगा किस चीज में?'

'फीचर फिल्म में लग जाते हैं।'

'और रिटर्न!' सर्वेश जी ने डरते-डरते पूछा।

'वो आप खुद देख लेंगे, फिल्म बनने तो दीजिए, अभी जिन लोगों ने यह डाक्युमेंटरी पलटकर देखी तक नहीं, वही कल को सूँघते-सूँघते मल्टीप्लेक्स में पाँच-पाँच सौ के टिकट लेकर देखेंगे, कस्बाई सिनेमा हाल महीनों हाउस फुल। सर्वेश जी को भले ही कोई एवार्ड न मिला हो, फिल्म को कितने अवार्ड मिलते हैं, गिनते जाइएगा।' सेठ की तरह उन्होंने भी सीडी को जोर से नचा दिया जैसे वह कोई सीडी न हो, लट्टू हो। सर्वेश को खुद का होना फालतू लगा, सो वे खिसक लिए।

उनके जाने के बाद सईद ने पूछा, 'वैसे एक बात बताइएगा सेठ जी, आप ही के तो भाई हैं सर्वेश जी, फिर आप कैसे हैं और वे कैसे?'

'वो ऐसा है, फसल में रोग लगते देखा है? वही हुआ मेरे छोटे भाई को बचपन से ही रोग लग गया लिखने-पढ़ने का। जो भी बिजनेस किया, फेल। आखिर-आखिर तक गंजी-जंघिया तक का धन्धा शुरू किया, पर—अब ग्राहक, जो है सो, माल के बारे में पूछताछ कर रहा है और जनाब के दिमाग में कविता या गज़ल की कोई लाइन सूझ गयी, लगे हाथ गंजी के डब्बे पर नोट करने लगे...'

'ताकि कहीं बाद में वह दुर्लभ पंक्ति दिमाग से उतर न जाय?' सईद ने टोका।

'हाँ। तो जनाब अपनी कविताई या शायरी में डूबे हैं, ग्राहक इन्तजार करते-करते ऊब कर चल देता है। तो...'

'बस-बस समझ गया, और प्रियंक जी पर डाक्युमेंटरी फिल्म बनाने की बेवकूफी कैसे आयी दिमाग में?'

'इनको लगा, उनकी ठीक से नोटिस नहीं ली गयी, ये ठहरे शागिर्द, वे ठहरे उस्ताद... इन्हें प्रियंक जी दिख रहे थे और मुझे अंक।'

'अंक माने।'

'अंक माने नम्बर, संख्या, पीसा...।'

हँस पड़े सईद, 'अच्छा अगली बार सर्वेश जी को भी बुलाइए थोड़ा भाव-ताव समझ लें।'

अगली बार सईद के दरबार में सर्वेश जी की पेशी हुई, पत्नी भी साथ थीं, रिसर्च असिस्टेंट और स्क्रिप्ट राइटर विपाशा जी भी और दुर्गेश जी भी। भाई ने भाई को समझाया, 'सर्वेश, पीसा के उद्धार के लिए फीचर फिल्म बनानी होगी और फीचर फिल्म के लिए चाहिए समथिंग स्पेशल।'

'क्या स्पेशल?' सर्वेश जी ने पूछा।

'कुछ भी, वरना खाया, पीया, लिखा, सोया और मर गया ये देखने कोई नहीं जाएगा फिल्म में।' सईद ने कहा।

'लेकिन...।'

'कुछ न कुछ जरूर होगा। हर आदमी की जिन्दगी में होता है।'

'उनकी जिन्दगी में ऐसा कुछ भी नहीं था।'

'नहीं था तो, पैदा करो आप।...'

'जैसे?'

'जैसे कोई मारपीट।'

'ना।'

'मुकदमेबाजी?

'ना!'

'कोई लवअफेयर, कोई स्कैण्डल?' विपाशा ने पूछा।

'ना!'

'तब तो...नो चांस...अमा, कुछ भी नहीं?'

'खूब अच्छा लिखा।' सर्वेश ने एक तर्क चुना।

'नो चांस।' सईद ने खारिज कर दिया।

'ईमानदारी से जिया।'

'नो चांस।'

'कितने लोगों ने उनके लेखन से प्रेरणा ली।'

'कह तो दिया, नो चांस।'

'क्या अच्छा लिखना कोई क्राइटेरिया नहीं है?'

'चूल्हे में डालो मियाँ इस अच्छे लिखने को। जब इतनी सीधी और सपाट जिन्दगी थी उनकी तो आपको कुत्ते ने काटा था कि बिना सरकारी या गैर सरकारी एड के उन पर डाक्युमेंटरी बना डाली!'

'भक्त थे न उनके...जो उनकी जिन्दगी में नहीं हुआ, वो इनकी जिन्दगी में जरूर हो जाएगा!' सर्वेश जी की पत्नी ने जल कर कहा।

'क्या हो जाएगा?' सईद ने पूछा।

'फुटपाथ पर आ जाएँगे।'

सईद अपनी कनपटी पर दस्तक देने लगे, विपाशा प्रियंक जी के एक उपन्यास से खेलने लगी।

सईद ने पूछा, 'प्रियंक जी का कोई कमीनापन? यह आप क्या कहते हैं! सर्वेश जी क्षुब्ध हो उठे, आपने गाली देने के लिए मुझे बुलाया है!'

'देखिए, ये मैं नहीं आपके एक बड़े राइटर थे, क्या नाम, राजेन्दर जाधव, उन्होंने कहा था कि जो जितना बड़ा कमीना होता है उतना बड़ा राइटर...।'

'जाधव नहीं यादव।'

'अरे वही हुआ।' सईद ने हाथ हिलाये।

'वो अपने बारे में कहा होगा। प्रियंक जी ऐसे न थे।' सर्वेश जी ने विरक्ति उगली।

'अच्छा न सही कोई कमीनापन, कोई लव अफेयर तो होगा न, क्यों छुपा रहे हैं?'

'मुझे वाकई नहीं मालूम।'

'क्या कहते हैं, बचपन से अस्सी साल तक कोई अफेयर नहीं!'

'सर!' विपाशा ने टोका, उनकी बायोग्राफी में लिखा है कि उनकी एक चचेरी बहन के साथ मास रेप किया था ठाकुरों ने।' विपाशा ने पुस्तक के एक पन्ने पर उँगली रख दी।

'यस, देयर लाइज द प्वाइंट।' लगभग उछल पड़े सईद।

'चचेरी' को हटाओ, उसे 'बहन' रखो, सिर्फ 'बहन' ओ.के.! अब सुनिये, ठाकुर लोग बहन का रेप करते हैं, बहन कुएँ में कूदकर जान दे देती है...। ओके?

प्रियंक की आँखों में खून उतर आता है वह लाठी उठाता है, मन ही मन परशुराम की तरह सारे ठाकुरों का खात्मा कर देता है। कट! फिर सोचता है कुछ-एक ठाकुरों को मार कर क्या होगा, ऐसा कुछ करो कि इस प्रवृत्ति का ही जड़ से खात्मा हो जाए।...और लाठी कलम बन जाती है, खून स्याही और वह लिखने लगता है... ओ.के.? विपाशा ने नोट लेते हुए स्वीकार में सिर हिलाये। सर्वेश ने कुछ बोलना चाहा, मगर बड़े भाई ने इशारे से रोक दिया उन्हें।

'नाउ अगेन, द अदर मेजर प्वाइंट, लव एफेयर से आप इस्केप नहीं कर सकते, हमेशा बूढ़े ही नहीं रहे होंगे प्रियंक जी...? सिक और इम्पोटेंट रहे हों तो और बात है मगर फिर उनके बच्चे...अस्सी साल तक क्या आँखें मूँदे राम-राम जपते रहे!'

'सर उपन्यास 'साये' में एक बेड़िनी औरत का जिक्र है जो नायक की लाइफ में आती है...।' विपाशा ने कहा।

'तो भई उस बेड़िनी को मयंक जी की लाइफ में ले आओ न!'

'सईद भाई, यह तो सरासर ज्यादती है। मुझे जहाँ तक मालूम है प्रियंक जी के जीवन में कोई बेड़िनी-वेड़िनी न थी।'

'आखिर उसके नॉवेल 'साये' में बेड़िनी आयी कैसे? वह राइटर के दिलो दिमाग से निकलकर ही तो गयी होगी! जैसे इस गली से उस गली, इस मकान से उस मकान में जाती हैं औरतें...बहरहाल। स्टोरी में एक बेड़िनी के इंट्रोड्यूस हो जाने से कितना स्कोप मिल जाता है! बेड़िनी है तो काउण्टर में कोई जमींदार-ठेकेदार टाइप का आदमी होगा। उसके गुण्डे उसे उठा ले जाएँगे...नचवाएँगे, रेप करेंगे। इधर अपना हीरो, आय मीन प्रियंक जी सोच-सोचकर जी हलाकान करेंगे...'

'बसन्ती इन कुत्तों के सामने मत नाचना।' दुर्गेश जी को 'शोले' का डायलॉग याद आया।

'सर, ऐसा ही कुछ-कुछ 'साये' में भी है।' विपाशा ने कहा।

'तब!' आँखें बिल्ली की तरह उलट कर आत्मश्लाघा में इतराये सईद, 'कोई

जीवनी में अपना हण्ड्रेड परसेंट सच-सच बयान कर ही नहीं सकता। वह एक किरदार का पुतला बनाता है। उसके बहाने अपनी आपबीती बयान करता है, खुद पाक साफ बना रहता है।'

'जैसे अभी आप कर रहे हैं प्रियंक जी की काया में...।'

'एक्जैक्टली' बट असल में तो वह हीरो करेगा परकाया-प्रवेश और पच्चीस साल पीछे ठेल कर ले जाएगा उन्हें, वे प्रेम करेंगे, समाज से लोहा लेंगे...।'

'और लिखेंगे।' दुर्गेश जी ने लिखने की बात जोड़ देनी जरूरी समझा।

'हाँ, लिखेंगे भी लेकिन उनके लिखने के सीन फिल्म में उतने ही होंगे जितना कि दाल में नमक।'

'फीचर फिल्म है 'प्रियंक' बेड़िनी के चक्कर में है, संयोग है, वियोग है।' दुर्गेश जी को रस आने लगा था।

'जी' विपाशा ने कहा।

'तो गीत भी गाएँगे।'

'बिल्कुल गाएँगे।'

'अरे उनकी अपनी कविताएँ ही इतनी आला दर्जे की हैं कि?...' सर्वेश तनिक उत्साहित हुए।

'नो' विपाशा ने उत्साह पर पानी डाल दिया।

'क्यों'? सर्वेश ने विपाशा से पूछा।

'सर, आय हैव गॉन थ्रू द पोयेम्स, दे आर नॉट फिट फॉर द फिल्म।' आगे की बात विपाशा की सिकुड़ी नाक से प्रकट हो रही थी।

'अरे गीत लिखेगा गीतकार, वो मैं और म्यूजिक डायरेक्टर मिलकर तय कर लेंगे आप टेंशन मत लो।'

'मगर यह तो सरासर गलत है।' सर्वेश जी ताव खा गये।

'फिल्म उमराव जान देखी है?'

'हाँ!'

'उसमें उमराव जान के लिखे हुए कितने गीत हैं?'

'नहीं मालूम।'

'तो भाई साहब, मालूम कर लीजिए न...!'

'एक दो को छोड़कर सारे गीत शहरयार के हैं।'

'यह सब तो समझ में आया लेकिन वे पाँच करोड़ किस मद में लगेंगे, यह तो बताओ सईद भाई।' दुर्गेश जी ने पूछा।

'देखिए रिसर्च, स्क्रिप्ट, सेट, आउटडोर शूटिंग, ट्रांसपोर्टेशन, म्यूजिक डायरेक्टर लीरिसिस्ट, एडीशन, फाइटिंग, कोरियोग्राफी डांस डायरेक्टर, स्पेशल एफेक्ट्स, मार्केटिंग, प्रोमोटिंग, फिर आर्टिस्ट वगैरा। सिर्फ ज्योतिषी जी को ही पचास हजार

पड़े। वो भी कितने दिन बाद लाइन मिली। प्रियंक जी के रोल के लिए बड़ी मुश्किल से अजित जी को डेढ़ करोड़ में राजी कराया है, उन्हीं की मेहरबानी है कि बेड़िनी के रोल के लिए एक करोड़ में 'चिंकू' मान गयी है। वरना तो इनके रेट बहुत हाई हैं, बजट कुछ और ज्यादा होता तो मैं 'ऐश्वर्या' या 'कैटरीना' से बात करता, लेकिन बजट इतना कम है कि मन मसोस कर रह जाना पड़ा मुझे।'

'जो आदमी ताजिन्दगी पैसे-पैसे का मोहताज रहा, उसका अभिनय करने वाले को डेढ़ करोड़! माने असली से नकली भारी! इससे आधा, चौथाई भी उन्हें जीवन में मिला होता तो जिन्दगी सँवर गयी होती। 'मेरी समझ में यह नहीं आ रहा था कि उस पाखण्डी ज्योतिषिया तक को पचास हजार क्यों दिए जा रहे हैं।' भड़क गये सर्वेश जी।

'तुम्हें जो करना था, कर चुके। कहना था, कह चुके। अब फिल्म बन जाने तक तुम कुछ नहीं बोलोगे।' दुर्गेश ने भाई को धमकाया। भाई चुप हो गया।

बनते-बनते बन गयी फिल्म। ज्योतिषी के सुझाव पर फिल्म का भाग्यशाली नाम 'प्रियंक' ही रखा गया। आज शहर के सबसे प्रसिद्ध हाल 'छाया' में उसका प्रीमियर था। स्वयं 'अजित' और 'चिंकू' के आने की खबर से भीड़ सँभाले नहीं सँभल रही थी। सर्वेशजी को फिल्म के प्रीमियर तक मौनव्रत धारण किये रहना था सो चुप थे लेकिन रह-रह कर उनके पेट में कोई वायुगोला हड़कम्प मचाने लगता—प्रियंक जी का अब तक अता-पता न था। उनसे गलती हुई, उन्हें खुद जाकर उन्हें लिवा आना था। जो न कराये सईद।

इधर अजित और चिंकू का वक़्त कीमती था, दूसरे व्ही. आई. पीज का भी। सो प्रियंक जी के लिए और नहीं रुक सकते थे वे।

फंक्शन शुरू हो गया। स्टेज पर प्रियंक जी की अनुपस्थिति में ही उनकी महानता का मानपत्र पढ़ा सर्वेश जी ने। आगत अतिथियों का स्वागत हुआ।...और फिल्म शुरू हो गयी।

फिल्म शेष होते न होते अजित और चिंकू से आटोग्राफ लेने वालों की लम्बी लाइन लग गयी। मीडिया कर्मियों ने घेर रखा था, सो अलग। दुर्गेश जी ने डरते-डरते पूछा, 'सात दिन भी फिल्म चल गयी तो पीसा तो वसूल हो जाएगा न।'

'सात दिन! अरे सिल्वर जुबली मनाएगी सिल्वर जुबली! आप देखते तो जाइए।' सईद ने कहा।

दुर्गेश जी ने सईद की पीठ थपथपायी, 'मान गये उस्ताद।'

'फिल्म को इस जोन के डिस्ट्रिब्यूटर ने पसन्द किया, चाँदी काटिए सेठ चाँदी। अगली फिल्म की योजना हमने आज ही बना ली है।'

'वो क्या स्टोरी है?'

'आप!'

'मैं?'

'हाँ आप! एक लद्दू घोड़ी वाले के बेटे ने क्या कमाल दिखाया कि अरबपति हो गया। लोग इन्सपिरेशन लेंगे। और जानते हैं, शुरुआत कहाँ से करूँगा?'

'कहाँ से?'

'उसी लद्दू घोड़ी पर बैठे...।'

'मेरे बाप से।' जल-भुन गये सर्वेशजी, 'मेरे गुरु जी को तार कर पेट नहीं भरा कि मेरे बाप को तारने के मंसूबे बाँधने लगे। भाई रहेगा, बाप रहेगा तो फिर मुझे ही क्यों छोड़े दे रहे हो! डाल दो एक कैरेक्टर मेरा भी।'

'वो किसलिए?' सईद ने पूछा।

'घोड़ी की लीद साफ करने के लिए।'

'आप नाहक खफा हैं सर्वेश भाई।'

'नाहक? वो आदमी जिसके नाम पर इतना तामझाम है, वह न फिल्म के अन्दर है न फिल्म के बाहर। और आप कहते हैं नाहक!'

'कौन?'

'प्रियंक जी।'

'दैट्स नॉट माय फॉली! फिल्म के अन्दर जितना आ सकते थे, आ गये। मैंने पहले ही बता दिया था—क्या...? दाल में नमक के बराबर! रही फिल्म के बाहर उनके प्रेजेंस की तो दैट इज नॅन ऑफ माय बिजनेस। जाइए, ढूँढ़िए अपने प्रियंक जी को मैंने रोका है आपको।' सईद के कहा।

सर्वेश अपने प्रियंक जी को ढूँढ़ने भीड़ में समा गये।

सर्वेशजी के जाते ही सईद ने गहरी साँस ली, 'मूड का मलीदा बना दिया आपके भाई ने। हाँ तो मैं क्या कह रहा था...।'

'वो अगली फिल्म की शुरुआत की बात।'

'हाँ तो शुरुआत उस लदनी वाली घोड़ी पर बैठे चाचा जी से...।'

'और अन्त...?'

'अन्त में उस घोड़ी को पंख लग जाते हैं और उस पर आप बैठे होते हैं, आप!'

'ब्रीलिएंट आइडिया!'

'ऐसी-वैसी? अरे अमर न कर दिया आपको तो...।'

दुर्गेश जी के मन में हजारों लड्डू फूटने लगे लेकिन प्रकटतः उन्होंने उदासीनता जाहिर करते हुए कहा, 'वह सब तो फिर कभी, अभी मेरी चिन्ता सिर्फ इस बात को लेकर है कि वह बूढ़ा गया कहा।'

सईद ने कन्धे उचकाये, 'थोड़ा सब्र करें। जैसे ही मैं अजित और चिंकू को लेकर गया, भीड़ खुद-ब-खुद छँट जाएगी। ढूँढ़ लीजिएगा।'

'हमने तो उन्हें आते भी नहीं देखा।'

'वो तो हण्ड्रेड परसेंट श्योर रहें, ऐसे बूढ़े मिस नहीं करते ऐसे ओकेजन्स। भीड़

के चलते स्टेज तक न पहुँच पाये हों—यह अलग बात है।' सईद बोलते-बोलते अटकने लगे। उन्होंने देखा कि प्रियंक जी को सँभाल कर कोई उन्हीं की ओर ला रहा था। शायद हाल का दरबान था। बोला, 'ये साहब हाल से निकल नहीं रहे थे। पूछा कौन हैं तो गुस्से में बोले, सर्वेश को बुलाओ, उसे ही बताऊँगा। पूछा, आप हाल के बाहर क्यों नहीं आ रहे हैं, बोले, मेरी छड़ी और चश्मा भीड़ के धक्के में गिर गये लाकर दो पहले।'

दुर्गेश ने कुछ बोलना चाहा, सईद ने उन्हें रोक दिया, फिर दरबानों की सहायता से उन्हें आटोग्राफ देते अजित और चिंकू के पास ला खड़ा किया। दरबार ने उनकी छड़ी और चश्मा लाकर उन्हें दिया। आटोग्राफ लेने वाली भीड़ के लिए वे एक टिंबकटू थे जिसे हर आदमी धकियाता आ-जा रहा था। छड़ी उनके हाथ में थी और चश्मा आँख पर। मगर चश्मे के होने न होने से कोई फर्क नहीं पड़ रहा था, उसमें तो काँच ही नहीं थे।

खबर

गीत कुमार, नहीं प्रेम कुमार, न न राम प्रसाद या कि सिर्फ प्रसाद...लेकिन यह महत्त्वपूर्ण नहीं था, महत्त्वपूर्ण यह था कि उस लड़की का नाम गीता था जिससे वह प्यार करता था। यह गीत और गीता नाम तो उसने तीसरी कसम की 'मीता' तर्ज पर रखे थे जैसे हीरामन और हीराबाई, वैसे गीत और गीता। गीता नाम का जिक्र आते ही उसका चेहरा मक्खन-सा पिघलकर लिबिर-लिबिर करने लगता, आँखों में खुमारी छाने लगती। हवा के रेशे-रेशे और देह और दिमाग के तन्तु-तन्तु तनाव में चटखने लगते। यूँ प्यार तो वह उस लड़की के पूरे वजूद से करना चाहता था मगर उसके हाथ लगा सिर्फ उसका नाम गीता। उसने दूर से बस उसकी एक झलक भर देखी थी—गोरी-छरहरी लम्बोतरा मुख—जयश्री इण्टर कॉलेज की छात्रा—गीता।

औरों की तरह गीत कुमार का प्यार भी बहुत कुछ छायावादी ढंग से हुआ था मगर वो मिसरा है न इश्क, मुश्क और खाँसी छुपाए नहीं छुपते सो वह भी पकड़ा गया। जनाब कॉलेज का चक्कर काट रहे थे कि बिच्छू की झाड़ में जा फँसे। पूछने पर लजाते-लजाते हकलाकर इजहार किया, 'हाँ बिरादर एक लड़की का चक्कर है। उसका नाम...'

'गीता है' मैंने पुराया।

'हाँ, पर तुम्हें कैसे मालूम?' वह हैरान था।

'मुझे ही नहीं उन सभी को मालूम है जिनके पैंट बिच्छू झाड़ में...'

'तो क्या सभी...?'

'सो तो मालूम नहीं, सब की अपनी-अपनी गीताएँ होंगी।'

उसके चेहरे की चमक कुछ फीकी पड़ी।

'तो फिर यह प्यार इकतरफा है।' मैंने उसे कोंचा, 'लव एट फर्स्ट साइट एण्ड वन साइडेड।'

उसने चुपचाप मेरे आरोप पी लिये।

'लगे रहो, कभी न कभी तो बर्फ पिघलेगी ही...' मैंने कहा।

कुछ दिन और गुजरे। न, न कुछ माह। एक दिन पूछ बैठा। 'कहाँ तक पहुँचे?'

'आप सही थे, एक नहीं चार-चार गीताएँ हैं।'

'चलो अच्छा ही है, खुदा जब देता है छप्पर फाड़कर देता है। अब इनमें से तुम्हारी कौन-सी है यह पता करना है।'

राम प्रसाद ने कुछ नहीं कहा। वह दुविधा में दिखा। यहाँ से राम प्रसाद ने अज्ञातवास में डुबकी लगा ली, जब उतराया तो वहाँ राम प्रसाद नहीं, गीत कुमार था। जवाब उसने कविता में दिया जो 'अनायास' नामक पत्रिका में छपी थी :

अरूई के पत्ते पर
झलमलाती-सी कुछ
एक-एक किरण हज़ार-हज़ार
रंगों को समेटती-सी
वे कहते हैं, पानी है,
मैं कहता हूँ, जिन्दगानी है।

जैसा लद्धड़ वह था, वैसी ही लद्धड़ थी उसकी कविता।

गर्मी की छुट्टियों के लिए कॉलेज बन्द हो गये। वह सारा रुपहला परिदृश्य, जिसमें मछलियों की तरह तैरती-फिरती हैं लड़कियाँ, हाइबरनेशन में चला गया। वह उन दिनों में कवियाया-कवियाया घूमता। कभी चाय-चूय पर सारा दिन कट जाता, कभी कई-कई दिनों तक शेव न करता, बाल कभी रूखे रहते तो कभी तेल-फुलेल से चिपचिपे। मैं कहने को होता, 'म्यां' इस जहान में अरबों-खरबों प्रेमी हुए, मगर तुम्हारी तरह का एक भी नहीं। मगर कह न पाता, कहीं अरूई के पत्ते पर उसका मोती ढुलक न जाये। मुझे उस पर दया आती।

'एक गीता तो हमारी आशियाना कॉलोनी में भी रहती है।' मैंने एक दिन उसकी प्रेमिका के आभासीय यथार्थ से उसे वाकिफ कराया।

'कॉलेज में पढ़ती है?'

'हाँ यार उसी कॉलेज में।'

अब उसके सन्धान-अनुसन्धान का केन्द्र आशियाना कॉलोनी का रूम नम्बर सी-7/2 हो गया। कॉलोनी के मुहाने की एक चाय-पान की गुमटी बना वाचिंग टॉवर।

'है तो वही न?'

'लगता तो है।'

'छह महीने वहाँ बीत गये, छह महीने यहाँ और अभी तक सिर्फ लग ही रही

है। अमां साल भर तक तुम करते क्या रहे?'

'वही अरूई के पत्ते पर झलकता मोती-सा कुछ, छू दिया और गिर गया तो...? वह हँसा, इस हँसी में कुछ-कुछ मायूसी के रंग थे।

मैंने उस पर तरस खाते हुए उसे चेताया, 'कविताई ही करते रहोगे? कहीं यह मोती कोई और तोड़ ले गया तो?

'वही तो बिरादर...। पर करें क्या?'

'पहले पता करो, जिस गीता को तुम चाहते हो, यह सी-7/2 वाली वही है या कोई और?

ठीक है, पता करते हैं। पर नहीं मेरे बार-बार उकसाने पर भी वह इस अभियान में एक इंच भी न आगे बढ़ पाया शायद वह अपने सपने की अकाल मृत्यु से डरता था?

'प्रेम के कितने स्टेप्स होते हैं आपको मालूम...प्रतीक्षा, विविक्षा, परीक्षा...'

'उपेक्षा, तितीक्षा, मैंने जोड़ा, 'ऐसे झंकारांत की टॉल मैं भी लगा सकता हूँ लेकिन प्यारे सबसे फर्स्ट और फॉरमोस्ट तो इच्छा ही होती है।'

'प्रेम बहुत गूढ़ चीज है, इसे आप क्या जानें।'

वाकई प्रेम एक बेहद गूढ़ चीज है यह मैंने उसी के प्रेम-प्रसंग से जाना—कुछ-कुछ भक्त और भगवान के सम्बन्धों जैसा ही गूढ़?

इस बीच उसने कई तरह के प्रयोग किये, मसलन गैस वाला, प्लम्बर, एजेन्ट, कूरियर वाला बनकर तथाकथित गीता के दरवाजे तक गया ताकि वह ठीक से उसे निरख-परख सके लेकिन वह...लगता था वह उसे मिली नहीं, या उसके सामने पड़ते ही उसकी पलकों पर परदा पड़ जाता। उसका साँवला चेहरा हर मुलाकात के बाद कुछ और ही स्याह हो उठता, और उस चेहरे में जड़े चेचक के गड्ढे कुछ और ही धुँआते से लगते।

बाहर भी वह उसकी ठीक-ठाक शिनाख्त न कर पाता। घर से वह अपनी कई सहेलियों के साथ निकलती।

मैं जब भी पूछता, वही थी?'

उसका जवाब होता, 'लगता तो है।'

'अरे इस लगता तो है' से आगे भी बढ़ोगे या वहीं कदम ताल करते रहोगे ताज़िन्दगी?'

मुझे शंका हुई, 'इतने दिनों में कहीं तुम्हें उसका चेहरा भूल तो नहीं गया। चेहरा बदल भी तो सकता है।'

कोहरे की एक झीनी परत उसके दागदार स्याह चेहरे पर उड़ी। वह आधा

विश्वास और आधा अनुमान से बोला। उसके भरसक छुपाने के बावजूद उसके प्रेम के चर्चे आम थे। यही समय था, जब राम कुमार ने गीत कुमार से भी आगे बढ़कर दोस्तों के बीच प्रेम कुमार की संज्ञा पायी। सिर्फ राम प्रसाद या राजकुमार से गीत कुमार और प्रेम कुमार ही नहीं, काफी टूट-फूट चल रही थी उसके अन्दर।

उसने गीता की एक भावमूर्ति गढ़ ली थी और उसी के साक्ष्य में सारे काम करता, घर में हो या बाहर, हर पल वह भावमूर्ति उसे नियन्त्रित करती रहती। अब उसकी खुद्दारी सनक की हद तक बढ़ती जा रही थी। वह किसी का उधार न रखता, पत्र-पत्रिका दोस्तों से भी लेता तो पूरे दाम देकर। हालाँकि मामूली चतुर्थ श्रेणी के कर्मचारी की नौकरी ही मिल पायी थी लेकिन किसी भी क़िस्म की मुफ्तखोरी से उसे सख्त नफरत हो गयी थी। वह हर आन्दोलन जलसे, जुलूस में शरीक होता। गोरख पाण्डेय के गीतों को अपनी भोंडी आवाज में गुनगुनाता और बौद्धिकता तथा क्रान्तिधर्मिता की अबूझ-अबूझ सी बातें करता। वह अपनी गीता की नज़रों में किसी भी स्तर पर 'इनफीरियर' नहीं होना चाहता था। 'लुक' पर भी 'लाइकनेस' पर भी, मगर हाय रे प्रेम, तुम्हारी 'लक' कहाँ थी। मजाक-मजाक में उसे चिढ़ाने के लिए अब अक्सर मैं एक 'शेर' पेश किया करता,

'जिस दिन मेरा जनाजा निकला, सारा शहर निकला
लेकिन वो नहीं निकला, जिसके चलते मेरा जनाजा निकला।'

पता नहीं, उसने बाकी गीताओं को भी खँगाला या नहीं, अलबत्ते उसकी प्रेम कथा का दूसरा चरण पाँचवीं गीता पर आकर खुला। उसने एक अखबार की कटिंग मेरे सामने रख दी। छोटी-सी खबर शीर्षकथा, कहाँ जाये गीता।

गीता नाम की एक गर्भवती लड़की उम्र 22 वर्ष को उसके पति ने घर से निकाल दिया। पति का आरोप था कि गीता दुश्चरित्र है। रोती हुई गीता बस से कमलपुर अपने मायके पहुँची लेकिन वहाँ उसके पिता कैलाश चन्द्र ने उसे घर में घुसने न दिया। बस में वह अकेली रो रही थी कि 'आश्रय' की संचालिका मधुमिता सहाय उसे आश्रम में ले आयी। सवाल है, गीता को कौन न्याय दिलाएगा।'

कटिंग को मैंने अपनी दराज में रखकर पूछा,

'तो?'

'आपको क्या लगता है, हमें ऐसी ख़बर पढ़कर भी चुप बैठे रहना चाहिए?' उसके स्वर में बेचैनी थी।

'करना तो चाहिए कुछ न कुछ लेकिन यार वह जयपुर की खबर है। पूरे देश में न जाने कितनी ऐसी वारदातें आये-दिन होती रहती हैं, कुछ अखबारों में आ

पाती हैं, कुछ नहीं।'

उत्तेजना में उठ पड़ा, 'ओ. के. देखते हैं।'

मंटो की कहानी 'नया कानून' के नायक की तरह वह जिससे भी मिला, इस खबर का जिक्र किये बिना न रहा। सुनने वाला अभी खबर को तौल ही रहा होता कि वह उसे आगे खींचने लगता, 'आपको क्या लगता है, गीता को इस तरह आग में जलते रहना चाहिए।'

'हाँ यार कुछ करना तो चाहिए लेकिन...'

खबर हम सबने पढ़ी। मगर जहाँ हम सब के लिए वह एक निरी खबर थी, उसके लिए जीवन-मरण का प्रश्न। उसकी गीता कहीं दूर धू-धू कर जल रही थी, वह हाथ पर हाथ धरे कैसे बैठे रह सकता था।

वह अकेले ही निकल पड़ा अपने अभियान में। एक बार नहीं, दो बार, तीन बार, कई-कई बार। वह अखबार के दिल्ली दफ्तर गया, जयपुर दफ्तर गया। वहाँ से उसने लड़की के आश्रय का पता किया, लड़की से मिला। लड़की के माँ-बाप पति और पड़ोसियों से मिला। इन सारी मुलाकातों और खोजबीन में उसे कम जहमत नहीं उठानी पड़ी। 'आश्रय' वालों ने लड़की के प्रसव और रख-रखाव के दिन-प्रतिदिन खर्च के लिए काफी पैसे भी झींटे। उसे लोगों ने, सड़क छाप मजनूं, सिरफिरा, परले दरजे का बेवकूफ, क्या-क्या नहीं कहा! मगर किसी भी चीज की परवाह किये बिना, उसने वह सब किया जो उसे जरूरी लगा। खबरों का पीछा करते-करते वह खुद एक खबर बन गया, किस्सा बन गया, कहानी बन गया...।

उसे पैसे की सख्त ज़रूरत थी, लेकिन उसने किसी के आगे हाथ न फैलाया। क्या पता अन्दर कहीं बैठी गीता ने उसे दूसरों से पैसे न लेने की कसम दे रखी हो। 'तो कब ला रहे हो लड़की और बेटे को?' यह हमारे तंज का विषय था। वह हर महफिल, हर नुक्कड़, हर चौराहे पर हमारे मनोरंजन का परचम बनकर लहरा रहा था। कई हमदर्द दोस्तों का तो यहाँ तक ख्याल था कि इस विषय में और एक दिन भी देरी किये बिना उसे पागलखाने में भर्ती करा देना चाहिए।'

मैं खुद उसके लिए कुछ करना चाहता था, मैंने जयपुर के अपने रसूख वाले कई दोस्तों को फोन भी किये लेकिन मात्र इतने से कुछ भी हो पाना सम्भव न था। वस्तुतः हम सभी मजमेबाज दर्शकों की भूमिका तक सीमित हो गये थे। ऐसा नहीं था कि सभी मजे या चटखारे ले रहे थे, मेरी तरह कई दूसरे मित्रों को भी उसके प्रति पर्याप्त सहानुभूति थी लेकिन आगे बढ़कर कुछ कर पाने की न हमें कोई सुविधा थी, न ज़रूरत, न इच्छा। मैंने उसे समझाने की कोशिश भी कम नहीं की, 'बहुत हो चुका। अब तो इस प्रेम चक्र से बाहर निकल जाओ यार।'

वह अवाक् होकर मुझे लगा देखने, 'यह तुम क्या कह रहे हो?'

'वही जो मुझे काफी पहले कहना चाहिए था। डर है, कहीं इस खतरनाक खेल में जान न गँवा बैठो।'

उसका मुँह उतर गया। कुछ बोला नहीं। अब वह हमसे कटने लगा। धीरे-धीरे हमारी मुलाकातों का अन्तराल बढ़ता गया। उसे यदा-कदा पान की गुमटी पर अकेले बैठा पाता। उसके बाल बढ़ गये थे, चेहर और चुचक गया था, चेचक के दाग और प्रॉमिनेंट हो गये थे। वह निहायत फटीचर-सा लगता।

उसकी तनहाई पर तरस खाकर एक दिन मैं उसके पास गया, कन्धे पर हाथ रखा। उसने मुड़कर ताका, उसकी आँखें सूनी-सूनी थीं।

'क्या हाल है गीत?'

'ठीक ही है।'

'गीता के मामले में कहाँ तक पहुँचे?'

'माफ करना, मैं उस सम्बन्ध में कोई बात नहीं करना चाहता।'

'हमसे कोई भूल हुई?'

'नहीं मुझे लगा, मैं दोस्तों को बोर करने लगा हूँ।'

उस जैसे खुद्दार इनसान से ऐसे ही उत्तर की अपेक्षा थी। मैंने काफी मनुहार की। उस दिन मुझे काफी वक्त लग गया उसे पटरी पर लाने में।'

'तुम क्लीन शेव्ड कब से हो गये।'

'डज इट मेक एनी डिफरेंस?'

'यस इट डज...इन योर पर्सनालिटी। एक भरे पंखों वाली चिड़िया के जैसे पर नोच दिये जायें।'

'लेकिन बढ़ी दाढ़ी में मैं एक नम्बर का फटीचर लगने लगता हूँ।' बहुत दिनों बाद वह पहली बार हँसा था।

'यह अभिज्ञान हुजूर को किस बोधिवृक्ष के नीचे और कब हुआ?'

'वहीं।'

'वहीं माने जहाँ तुम्हारी गीता है...वो आश्रय जैसा कुछ।'

'हाँ आश्रय भी। मुहल्ले वाले भी। थाने वाले भी।'

'वेरी सैड वेरी सैड! मगर तुम्हें थाने तक जाने की क्या सूझी?'

'अरे उन्हें गारंटर चाहिए।'

'गारंटर...?' मुझे याद आया एक बार वह हम दोस्तों से साथ चलने का इसरार कर रहा था।'

'ज्यादा नहीं तुम जैसे दो-तीन साथी भी मेरे साथ होते तो मैं बोलती बन्द कर

देता मुहल्ले वालों की भी, आश्रय वालों की भी और थाने वालों की भी...। वे समझते हैं, मैं कोई सड़क छाप-सा जन्तु हूँ, आवारा दिलफेंक, मजनूं टाइप...। मेरा अपना कोई है ही नहीं।

'जो कि तुम हो नहीं।' मेरा मन उस पर व्यंग्य करने का हो रहा था, मगर उसकी आँखें डबडबा आयी थीं और बात मेरे हलक में ही समाई रह गयी! उलटे मेरा स्वर प्रायश्चित से भीगकर भारी होने लगा, 'चलो, मैं चलता हूँ, असलम और गुरमीत को भी साथ ले लेता हूँ। हम देंगे गारंटी।'

'गारंटर तो मैं अपने ऑफिस से मैनेज कर लूँगा।'

'फिर क्या बाकी रहा है।'

'तकरीबन बीस हजार रुपये।'

'अरे?'

'हाँ, संस्था वाले कहते हैं गीता और उसके बच्चे पर उन्हें काफी खर्च करने पड़ रहे हैं। दस हजार उन्हें और चाहिए और दस हजार थाने को, ताकि कोई बखेड़ा न पैदा कर सके।'

'अन्धेर है। चलो हम चलते हैं। बोलो कब चलना है?'

'अगले सण्डे को...?'

'ठीक है अगले सण्डे को चलते हैं।'

तब से कितने सण्डे आये-गये, हम सिर्फ पैंतरे भरते रहे उसके साथ न जा सके तो नहीं ही जा सके। तकरीबन छह महीने बाद एक दिन खबर उड़ी कि वह उस लड़की और उसके बेटे को लिवा लाया है।

'अरे', मैं जैसे चिहुँक-सा गया। अभी तो हमें जाना था, गीता और बच्चे, उसके मुहल्ले वाले, उसके माँ-बाप, परिवार और पति तथा आश्रय और थाने से सारा कुछ अता-पता और रफा-दफा करना था, गारंटर बनना था लेकिन बिना हमारे गये ही उसने किला फतेह कर लिया। एक अजीब से पराजय बोध-सा कुछ तारी होने लगा मुझ पर—कुछ ईर्ष्या, कुछ झेंप, या दोनों को मिला-जुला अटपटा-सा कुछ।

राम प्रसाद को फोन किया, 'यह हम क्या सुन रहे हैं?'

'सही सुन रहे हैं बिरादर...' उसके जवाब की पुष्टि में किसी बच्चे की किलकारी और किसी स्त्री कण्ठ द्वारा बच्चे को दुलराए जाने के स्वर पृष्ठभूमि से उभर रहे थे, 'मेरे हाथ-पाँव तो बेशक जल गये लेकिन यह तुम जैसे दोस्तों और शुभचिन्तकों की दुआओं का असर था कि मैं अन्ततः गीता और उसके बच्चे को उस आग से सुरक्षित निकाल पाने में कामयाब हो ही गया।

उस खबर के समान्तर अपने प्रति एक अजीब-से व्यर्थता-बोध ने मुझे आ घेरा। मैंने दराज खोला, ढूँढकर वह कटिंग निकाली–

'कहाँ जाये गीता?'

सवाल है, 'गीता को कौन न्याय दिलाएगा।'

सहसा ही मेरी आँखें सिकुड़ गयीं, खबर के नीचे भी एक खबर थी कोष्ठकों में जिस पर अब तक निगाह नहीं गयी थी और वह थी–'इस खबर के सारे नाम काल्पनिक हैं। अरे! इस लड़की का नाम गीता नहीं था।...लेकिन राम प्रसाद, उर्फ गीत कुमार को उसका पता न हुआ हो, ऐसा कैसे हो सकता है, तो क्या सब कुछ जानकर भी...? नहीं, वह तो मुझे अभी भी उसका नाम गीता ही बता रहा था। तो क्या सबने उसे मूर्ख बनाया। क्या पता...? कम से कम मुझे तो उसे आईना दिखा ही देना चाहिए। खबर की कटिंग मैंने जेब में रख ली, आज ही अपने प्रेम कुमार का सारा प्रेम रोग झाड़कर रख दूँगा।

उसकी पहाड़ पर चढ़ी शेखी को ज़मीन पर उतारने की कल्पना मात्र से मुझे एक बर्बर खुशी मिली। तभी असलम का फोन आया, 'तुमने अपने गीत कुमार की नयी कविता पढ़ी?'

'हाँ, ले तो आया है सुना, अपनी गीता को।'

'अरे मैं व्यंजना में नहीं अभिधा में बोल रहा हूँ–'अनन्या' का ताजा अंक पेज नम्बर 50 देखो।'

मैंने फोन रखकर 'अनन्या' का पेज नम्बर 50 खोला। वहाँ गीत कुमार के नाम से एक कविता छपी थी।

पहले मिली थी खबर बनकर
फिर खबर से खबर
रूप बदल-बदल कर आती रही तुम,
पहले से दूसरी, दूसरी से तीसरी,
हर बार कुछ और ही बन कर,
सज कर, सँवर कर, निखर कर
कितनी दुबली हो गयी हो इस सफर में
मेरे लिए ही बनी हो, खास मेरे लिए
तुमने बताया था कभी
फिर इतनी लुका-छिपी क्यों।

मेरे सामने पर्त-दर-पर्त खुल रहा था वह। साधों की मटमैली चूनर-सा। भला

ऐसे भी होते हैं नायक। कपिल मुनि के धीरोदात्त कुलक नायकों को मुँह चिढ़ाता हमारा लीचड़ फटीचर गीत कुमार!

खबर में खबर जुड़ती रही
समय में जुड़ता रहा समय
तुम बाल बच्चेदार हुई
एक और समाचार हुई
कब तक पकड़ में नहीं आती
मैंने खींच ही लिया है
तुम्हें खबर से खींचकर
अब वहाँ कागज कोरे हैं
और तुम मेरे पहलू में
यह एक और खबर है।

□□